資格試験のための

インテリアコーディネーター・ワード・ハンドブック

鹿島出版会

はじめに

インテリアコーディネーター資格制度は、1983年（昭和58年）、通商産業大臣認定技能等審査事業として発足し、社団法人インテリア産業協会が同年度第1回試験を実施し、本年度で第25回を迎える。

同試験は、1995年度（平成7年度）の受験要項の改定等に続き、2003年度（平成15年度）からは年齢による受験資格の撤廃や試験範囲の変更、知識レベルの明確化など大幅な改定がなされている。出題傾向では、少子高齢化、防犯・防災意識の向上、環境保全、省エネルギーなど、生活環境の変化に対応し、健康・安全・エコロジーに関する問題が多くなってきた。

本書は、インテリアコーディネーター資格の一次試験の範囲とされる科目を中心に、分野別に出題頻度が高く基礎となる重要な用語を選び、その要点を体系的にわかりやすく解説したキーワード集である。インテリアプランナーやキッチンスペシャリストなど、他のインテリア関連資格試験の基礎となる用語集として、また、インテリア系学生向け参考書としても利用できるように編集した。

本書がインテリア関連資格にチャレンジする受験者はじめ、インテリアを学ぶ大学生、専門学校生から、キャリアアップを目指す社会人まで、インテリアのテキストとしていささかでもお役に立てば幸いである。

本書を草するにあたり、ご協力をいただいた社団法人インテリア産業協会はじめ、参考にさせていただいた諸文献の著者、出版社各位に感謝の意を表します。

2007年8月

大廣保行

インテリアコーディネーター資格一次試験の出題範囲

以下は、社団法人インテリア産業協会から発表されたインテリアコーディネーター資格一次試験の出題範囲である。

インテリア商品と販売の基礎知識

1. インテリア商品・部材

(1) 主要インテリア商品の知識

①主要インテリア商品（家具、ファブリックス、敷物、壁装材、照明器具、寝具等）の分類、種類、構造、名称、素材、機能、性能、規格等の基礎的な知識と基本的用語の理解。

②主要インテリア商品に関する安全性、メンテナンス、手入れ等の基礎的な知識。

(2) インテリア施工関連商品の知識

①インテリア施工関連商品（住宅設備機器、内装材、部品部材、内装塗料等）の種類、性能等の基礎的な知識と基本的用語の理解。

②インテリア施工関連商品に関する安全性、メンテナンス、手入れ等の基礎的な知識。

(3) その他インテリア商品の知識

①その他のインテリア商品（インテリアアクセサリー、インテリアオーナメント、エクステリアエレメント等）の種類と特性等の基礎的な知識と基本的用語の理解。

②その他のインテリア商品に関する安全性、メンテナンス、手入れ等の基礎的な知識。

2. インテリア販売

(1) マーケティング

①市場調査、販売企画等、マーケティング業務とインテリア販売との関係およびその業務内容の理解。

②売価設定に関する原価、粗利益、利益率、値入率等、基本的用語の理解と算定方法の基礎的な知識。

(2) 流通チャネル

主要インテリアエレメント、建材、住宅設備機器等の商品流通、流通チャネルに関する理解。

(3) インテリアビジネス

インテリアコーディネーターの職域とインテリアビジネス(提案業務等)の内容の理解。

3. インテリア情報

(1) 情報の基本

①インテリア販売における情報の種類と情報源についての基礎的な知識。

②商品情報、顧客情報等に関する基礎的な内容の理解。

(2) 情報の処理

情報の収集、情報の整理、情報の分析等、情報の処理業務の基本に関する理解。

(3) 情報システム

各種コンピュータシステムに関する基礎的な内容の理解。

4. コンサルティング

(1) コンサルティングの基本

インテリアコーディネーター業務に関するコンサルティング業務プロセス（ヒアリング、アドバイス、プレゼンテーション）の内容等の理解。

(2) コンサルティングセールス

インテリア販売に関するコンサルティングセールス業務の内容の理解。

(3) プレゼンテーション

プレゼンテーション技術に関する基本的用語の理解。

5. 積算・見積

①設計図書および仕様書の基礎的内容および各種経費についての理解。
②改装工事・リフォーム工事等の積算・見積に関する基礎的な用語の理解。

6. 住 環 境

①ホルムアルデヒド削減等、室内環境（安全環境）に配慮した商品の基礎的な理解。
②廃棄物の削減（リデュース）・再利用（リユース）・再資源化（リサイクル）を配慮した商品に関する基礎的な理解。
③高齢者に配慮した生活空間とインテリアに関する基礎的な内容の理解。
④バリアフリー等を考慮した住空間のコーディネートに関する基礎的な内容の理解。

インテリア計画と技術の基礎知識

1. 住宅構造

(1) 住宅構造の種類

木構造、組積構造、鉄骨構造、鉄筋コンクリート構造、鉄骨鉄筋コンクリート構造、プレハブ工法等についての基礎的な知識。

(2) 構造材の種類

コンクリート、鋼材、レンガ、石材等、住宅構造材料についての基礎的な知識。

(3) 下地材および下地工法

下地材料の種類と性能および下地工法の基礎的な知識。

2. インテリア構成材

(1) 内装仕上げ材および施工

内装仕上げ材（床、壁、屋根、天井）および、造作・開口部の種類と特徴および施工についての基礎的な知識。

(2) 住宅部品

住宅部品（開口部・内装部）の種類、名称に関する基礎的な知識。

(3) 機能材料

特定機能材料（断熱材、吸音材、防火材等）についての基礎的な知識。

3. 室内環境

(1) 室内と光

①光の属性（光度・照度・輝度等)、日射、日照、採光についての基礎的用語の理解。
②照明の配光および照度等についての基礎的な知識。

(2) 室内と音
①音の属性（強さ・高さ・音色)、騒音、遮音、吸音等についての基礎的な知識。
②音と空間との関係および音の演出効果についての基礎的な知識。
(3) 室内気候
①熱の属性（伝導・対流・放射)、熱損失（断熱）についての基礎的な知識。
②換気と通風、湿度と結露についての基礎的な知識。
③省エネルギーについての基礎的な知識。

4. インテリア基礎

(1) 空間計画
①生活空間計画としての人間工学、寸法計画、空間計画についての基礎的な知識。
②公的空間、私的空間、収納空間、通行空間等、各室計画についての基礎的な知識。
③リフォームの計画、手順についての基礎的な知識。
④モデュラーコーディネーションに関する基本用語の理解。
(2) インテリアの歴史
日本・西洋における基礎的な住様式の変遷、家具・装飾工芸等の造形特性の理解。

5. インテリア計画

(1) 設備計画
①給排水・衛生設備、空調設備、電気設備等の設備計画についての基礎的な知識。
②地震・防災・災害防止設備、防犯装置等、安全設備についての基礎的な知識。
(2) 照明計画
①全般照明、局部照明、全般局部併用照明の特徴と照明演出に関する基礎的な知識。
②空間計画における照明効果についての基礎的な知識。
(3) 色彩計画
①色の表し方、色の混合、色の対比、演色性、配色と調和等に関する基礎的な知識。
②色彩計画の手順、色彩と材質の関係、色彩と採光・照明との関係に関する基礎的な知識。
③住宅各室の使用目的と色彩計画の基礎的な知識。

6. 表現技法

(1) 設計図書
①表現技法の種類、表現材料、用具等についての基礎的な知識。
②平面画法、投影画法等の基礎製図の概要についての理解。
③建築図面についての概要の理解と、読図能力の基礎知識。
④専門用語および慣用語の理解。
(2) 実務基礎
①各種のインテリア製図の内容についての理解と、簡単な製図表現ができる知識。
②透視図の原理についての理解と、これを応用する知識。
③関連図書、話法等を用い、計画の意図を提示する実務的な知識。
④インテリアの構成能力および基礎的な表現能力。
⑤CAD、CG等に関する基礎的用語の理解。

(3) 造形の基本

空間の形および見え方、形態と視覚、造形美の原理等、空間構成と造形に関する基礎知識の理解。

7. 関連法規

①建築基準法、住宅品質確保促進法等の住宅に関連した法規、法令の基礎的な知識。
②消費者保護基本法、消費者契約法等の消費者保護に関する法規、法令の基礎的な知識。
③JIS、JAS、品質表示法等の製品に関する法規、法令の基礎的な知識。
④PL法、生活用品安全法等の安全に関する法規、法令の基礎的な知識。
⑤廃棄物処理法、リサイクル法等の資源に関する法規、法令の基礎的な知識。
⑥民法、借地借家法、区分所有法等の日常生活に関する法規、法令の基礎的な知識。

目　次

はじめに
インテリアコーディネーター資格一次試験の出題範囲

第1章　インテリア関連の業態と資格………………14
1.1 インテリアの業態・職域………………14
1.2 インテリアの領域………………14
1.3 インテリアの資格………………14

第2章　マーケティング………………17
2.1 マーケティングの定義………………17
2.2 購買心理………………20
2.3 小売業の形態………………21
2.4 民法と契約………………23
2.5 責　　任………………24
2.6 販売関連法規………………25
2.7 IT（情報技術）と販売………………28

第3章　表示マーク………………30
3.1 品質に関する表示とマーク………………30
3.2 安全に関するマーク………………32
3.3 環境保全に関するマーク………………33

第4章　家　　具………………35
4.1 家具の種類………………35
4.2 和 家 具………………37
4.3 家具の構造………………38
4.4 家具の継手と仕口………………41
4.5 家具金物………………43
4.6 家具の塗装………………44
4.7 金属家具の塗装・メッキ………………45
4.8 椅子張り………………46
4.9 デザイナーズチェア………………49
4.10 木質材料………………51
4.11 合成樹脂（プラスチック）………………52

第5章　ウインドトリートメント………………55
5.1 カーテンの種類………………55
5.2 カーテンの製織………………56
5.3 カーテンの繊維………………57
5.4 カーテン生地加工………………58
5.5 カーテンのスタイル………………60
5.6 ローマンシェード………………62
5.7 ブラインド＆スクリーンの種類………………64

第6章　床仕上げ材………………66
6.1 カーペットの種類………………66
6.2 カーペットの繊維………………68
6.3 カーペットのテクスチャー………………69
6.4 カーペットの施工………………70
6.5 木質系床材………………71
6.6 プラスチック系床材………………72
6.7 タ　イ　ル………………72

第7章　壁仕上げ材………………74
7.1 壁紙の種類………………74
7.2 壁紙の施工………………75
7.3 内装用合板・ボード類………………76
7.4 吹付け仕上げ………………78

第8章　照明器具………………79
8.1 照明器具の種類………………79
8.2 ランプの種類………………81
8.3 照明の単位・用語………………83
8.4 デザイナーズランプ………………84

第9章　台所設備器具………………86
9.1 キッチンの種類………………86
9.2 システムキッチン………………88
9.3 加熱調理機器………………90
9.4 換　気　扇………………91
9.5 その他の設備機器………………91

目　次

第10章　住宅設備機器……………………92

10.1 洗面・バスルームの機器……………………92
10.2 衛生設備・排水設備……………………92
10.3 電気設備……………………95
10.4 給水設備……………………96
10.5 冷暖房・エアコン設備……………………97
10.6 ガス機器の燃焼方式……………………99
10.7 換気設備……………………100

第11章　造作・建具……………………102

11.1 窓 製 品……………………102
11.2 戸 建 具……………………103
11.3 障子・襖……………………103
11.4 建具金物……………………104
11.5 板ガラス……………………106
11.6 鏡・装飾ガラス……………………108

第12章　オーナメント……………………109

12.1 ホームリネン……………………109
12.2 漆　　器……………………110
12.3 日本の陶磁器……………………111
12.4 アートワーク、インテリアグリーン……………………112

第13章　ユニバーサルデザイン……………………113

13.1 ユニバーサルデザインと高齢者……………………113
13.2 空間別インテリア……………………114
13.3 高齢者・身障者向け補助用品……………………116

第14章　インテリアの歴史……………………117

14.1 古　　代……………………117
14.2 中　　世……………………118
14.3 近　　世……………………118
14.4 近代のデザイン運動……………………124
14.5 現代のデザイン……………………128
14.6 寝 殿 造……………………131
14.7 書 院 造……………………133

14.8 数寄屋造……………………135
14.9 民 家 造……………………135

第15章　人間工学……………………137
15.1 人間工学の領域……………………137
15.2 動作・行動特性……………………138
15.3 椅子の人間工学……………………139

第16章　インテリア計画……………………141
16.1 モデュラーコーディネーション……………………141
16.2 ジョブコーディネーション……………………142

第17章　造　　形……………………143
17.1 形態と錯視……………………143
17.2 造形美の原理……………………145
17.3 装飾模様……………………147
17.4 色彩の基礎……………………148
17.5 配色と調和……………………152
17.6 色彩計画……………………154

第18章　建築構造……………………155
18.1 木造構造……………………155
18.2 鉄筋コンクリート構造……………………156
18.3 鉄骨構造……………………157
18.4 鉄骨鉄筋コンクリート構造……………………157
18.5 補強コンクリートブロック構造……………………157
18.6 壁 構 法……………………158
18.7 プレハブ構造……………………158
18.8 床 構 法……………………159
18.9 天井構法……………………159

第19章　構法・材料……………………160
19.1インテリア構成材……………………160
19.2 造　　作……………………161
19.3 木　　材……………………162
19.4 コンクリート……………………163

目　次

19.5 鋼　　材…………………165
19.6 特殊機能材料…………………165
19.7 複合新素材…………………167

第20章　環境工学…………………169
20.1 熱…………………169
20.2 湿　　度…………………170
20.3 換気・通風…………………172
20.4 音 環 境…………………173
20.5 光 環 境…………………173

第21章　表現技法…………………175
21.1 インテリアの図面…………………175
21.2 透視図・図法…………………180

第22章　関連法規…………………182
22.1 建築基準法…………………182
22.2 消 防 法…………………186
22.3 その他の関連法規…………………187

第23章　重要課題…………………189
23.1 省エネルギーシステム…………………189
23.2 ソーラーシステム…………………189
23.3 省エネルギー設備…………………190
23.4 セキュリティ…………………191
23.5 リフォーム…………………192
23.6 シックハウス対策…………………193

イラスト出典　194
索引（キーワード）　195

INTERIOR COORDINATOR WORD HAND BOOK

資格試験のための

インテリアコーディネーター・ワード・ハンドブック

第1章
インテリア関連の業態と資格

1.1 インテリアの業態・職域

インテリア関連の業態は家具、カーテン、カーペット、内装仕上げ材、設備機器、その他のエレメントを製造する「メーカー」、それらを販売する問屋、百貨店、スーパー、専門店の「販売」、それらを使用して工事を行う工務店、住宅メーカー、リフォーム工事店の「施工・販工」、インテリア全般を企画しデザインやコーディネートを行う住宅メーカーや建築・設計事務所の「企画・設計」、その他に大別される。

インテリアコーディネーターやインテリアプランナー、その他の専門家はそれらの企業に所属もしくはフリーランスとして、要求される業務の中で専門家としての「助言・提案」とその「実現」を通して社会に貢献している。

1.2 インテリアの領域

インテリア関連の領域、デザインの対象となる空間は住宅やホテル、別荘の「居住空間」を中心に、企業の「オフィス空間」、物品販売店の百貨店、スーパー、専門店、レストラン、バー、理容・美容、レジャー施設などの「商業空間」、病院、学校、役所などの「公共施設空間」、船舶・車両、航空機などの「輸送空間」など幅広く、それぞれに条件とされる機能性や居住性を満たす空間計画が要求されている。

1.3 インテリアの資格

インテリアに関する資格は社会や企業の要請により数多いが、いずれも国家試験や免許を意味するものではない。以下はそれらの主な資格の概要と資格認定（検定含む）団体である。

インテリアコーディネーター--

社団法人インテリア産業協会が「インテリア・エレメントの流通過程において、

消費者に対し商品の選択やインテリアの総合的構成などについて、適切な助言や提案を行う」専門家として認定した資格称号で、その業務は売買や工事請負を前提とした助言・提案の具体化を通じ、消費者の生活向上と結果としての市場拡大に貢献するものとして注目されている。

［認定試験主催団体］
社団法人インテリア産業協会
〒160-0022　東京都新宿区新宿3-15-5　クリハシビル8階
Tel：03-5379-8600　http://www.interior.or.jp/

インテリアプランナー---

財団法人建築技術教育普及センターが「建築物のインテリアの設計・計画の助言だけでなく、設計・工事監理面において実践的な能力をもつ」専門家として認定した資格称号をいう。

［認定試験主催団体］
財団法人建築技術教育普及センター
〒104-0031　東京都中央区京橋2-14-1
Tel：03-5524-3105　http://www.jaeic.jp/

マンションリフォームマネジャー---

財団法人日本住宅リフォーム・紛争処理支援センターが「マンションの専有部分のリフォームに関し、ユーザーへの助言・提案を行うとともに、工事の実施に際し管理組合や施工業者との調整・指導・助言を行う」専門家として認定する資格称号をいう。

［認定試験主催団体］
財団法人日本住宅リフォーム・紛争処理支援センター
〒102-0092　東京都千代田区紀尾井町6-26-3　上智紀尾井坂ビル5階
Tel：03-3261-4567　http://www.chord.or.jp

キッチンスペシャリスト---

社団法人インテリア産業協会が「キッチン空間に設置される各種の設備機器類に関する専門知識をもち、企業と住まい手の接点に立って、キッチン空間構成、使用、維持等に関する相談に応じ、住まい手が真に求めるキッチン空間を提案する」専門家として認定する資格称号をいう。

［認定試験主催団体］
社団法人インテリア産業協会
〒160-0022　東京都新宿区新宿3-15-5　クリハシビル8階
Tel：03-5379-8601　http://www.interior.or.jp/

商業施設士---

社団法人商業施設技術者・団体連合会が「百貨店から一般の店舗、レジャー施設、博物館や劇場、ショールーム、展示場などのあらゆる商業関連施設のデザインに関し、総合的に計画し監理する」専門家として認定する資格称号をいう。

［認定試験主催団体］
社団法人商業施設技術者・団体連合会
〒108-0014　東京都港区芝5-26-20　建築会館内
Tel：03-3453-8103　http://www.jtocs.or.jp

カラー・コーディネーター---

東京商工会議所が「ファションから建築・環境づくりまで、色彩の特性や調和理論を理解し、色彩技能を活用できる」専門家として検定し与える資格称号をいう。

［検定試験主催団体］
東京商工会議所
〒100-0005　東京都千代田区丸の内3-2-2
Tel：03-3283-7677　http://www.kentei.org/

福祉住環境コーディネーター---

東京商工会議所が「福祉・介護・医療・建築で、福祉全般に関わる総合的知識を有し、その活動において適切かつ的確な人材で、実践的な能力を備えた」専門家として検定した資格称号をいう。高齢者や障害をもつ人が、安全かつ快適な生活ができる住環境を提案することを業務としている。

［検定試験主催団体］
東京商工会議所
〒100-0005　東京都千代田区丸の内3-2-2
Tel：03-3283-7733　e-mail:kentei@tokyo-cci.or.jp

第2章 マーケティング

2.1 マーケティングの定義

「商品またはサービスを生産者から消費者へ流通させる業務に関する種々の企業の経営活動」 AMA［American Marketing Association：アメリカマーケティング協会］の定義。

「顧客の欲求を予測し、それに合わせて顧客の欲求を充足させる商品を生産者から消費者に流通させることによって、各企業の目的を達成させようとする諸活動の遂行」 マッカーシー［E.J.MaCarthy］の定義。

「標的とする市場を確認し、その市場の顧客を捉え、その欲求を満たす商品・サービスを生産者から消費者に円滑に流通させるための種々の企業活動の遂行」インテリア産業協会の定義。

マーケティング・コンセプト--

marketing concept

企業活動の基本となる指針またはその基本的理念［philosophy］。

顧客志向マーケティング--

consumer orientation marketing

消費者利益を第一に考え、消費者のニーズを満足させることを理念とする企業活動。買手本位の消費者志向の考え方は、バブル崩壊後の企業活動再構築の中心をなす理念として定着しつつある。

環境保全志向マーケティング--

sosio ecological orientation marketing

企業活動はその手段や結果において自然環境を破壊したり、生態のサイクルを狂わすようなことがあってはならないという理念で、企業活動の今日的課題となっている。

マーケティング活動--

marketing activity

市場を的確に捉え、必要とされる商品やサービスを生産者から消費者に円滑に流通させるために行われる種々の企業活動をいう。

差別化戦略

differential strategy

独占的競争市場の確立のため、他の企業と差別的有利性を図るマーケティング戦略。他社にない特徴を付加する製品差別化、他社と異なる独自のチャネルを構築する流通差別化、他社にない有利性をもつ販促差別化、他社にない独自のCI［corporate identity：企業イメージ統合戦略］差別化、などがその具体例である。

マーケティングリサーチ

marketing research

市場調査。ターゲットとなる市場とその環境に関する調査・分析のこと。広義には製品・サービスの需要・供給を調整し、製品計画から消費に至る一貫した戦略立案のための各種データを収集し分析する科学的アプローチをいう。

販売促進（プロモーション）

promotion

消費者需要を喚起、刺激する広告・パブリシティ、人的販売、セールスプロモーションを手段としたコミュニケーション活動（広義の販売促進）。

プロモーション・ミックス

promotion mix

広告・パブリシティ、人的販売、セールスプロモーションの総合的効果を最大にするための調整・統合計画のことで、コミュニケーション・ミックス［communication mix］ともいう。

広　　告

advertising

広告主が明示された有料形態の宣伝・広報活動。種々なマス媒体を手段とする販売促進を意図した非人的なコミュニケーションをいう。

パブリシティ

publicity

ニュース的価値から媒体に無料で取り上げられるものをいう。とくにパブリシティのための媒体向けに発行されているメーカーや流通業者の情報紙をニュース・リリース［news release］という。

セールスプロモーション

sales promotion

広告・パブリシティ、人的販売を補完・調整し、販売促進に寄与するマーケティング活動。消費者を対象としたコンシューマープロモーションと販売店を対象としたディラープロモーションがある。

プル戦略--

pull strategy

メーカーによる消費者に向けた直接的セールスプロモーション。消費者のブランド指定など、指名買いを意図した大量広告などの販売促進活動がその例。

プッシュ戦略--

push strategy

メーカーの販売業者に対する人的販売を中心とするさまざまなセールスプロモーション。ディーラーヘルプス（販売店援助）やアローワンス提供、条件付帯販売などはその例。

ディーラーヘルプス--

dealer helps

メーカーが販売促進のために行う販売業者へのさまざまな援助。店舗・経営診断、店舗改善資金援助、情報提供、教育・訓練などその方法は多様である。

マーチャンダイジング--

merchandising

マーケティングの目的達成のための商品仕入れから商品展示までの一連の商品化計画。同計画の重要課題、①**商品**、②**場所**、③**価格**、④**数量**、⑤**時期**をマーチャンダイジングの**五つのキー**または五つの適正という。

インストア・マーチャンダイジング--

instore-MD

小売店舗における商品化計画の中核となる商品の品揃え、展示・陳列、装飾POPなどの総合的計画。

コーポレート・アイデンティティ--

corporate identity

企業の総合イメージ戦略。企業や店舗のイメージやポリシーをトータルで訴求し伝達すること。CIと略称することが多い。

ビジュアル・マーチャンダイジング--

visual merchandising

店舗のディスプレーやPOPをCIのテーマで統一し視覚的に訴求する商品化計画。VMにより視覚的に訴求した展示を**ビジュアル・プレゼンテーション**［VP］という。

2.2 購買心理

コトラーの意思決定プロセス

消費者の購買決定とその結果に至るP.コトラーの5段階プロセス。一般に認知から探索、評価、決定の段階を経るが、今後の購買行動に大きな影響を与える購買事後の行動を最終プロセスとしている点に特徴がある（図2-1）。

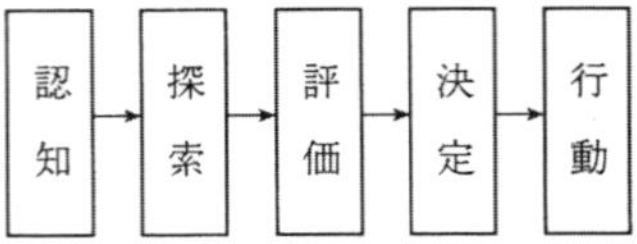

図2-1

アイダ［AIDA］モデル

1898年、アメリカのエルデ・ルイスにより提唱された購買行動の心理的プロセスに関する理論。商品に注目し、興味をもって、ほしくなり、行動（購入）するというステップを経るという理論であり、AIDAはその英字の頭文字をとったものである（図2-2）。

アイドマ［AIDMA］モデル

アメリカのローランド・ホールが提唱した購買行動のプロセスに関するモデル。前述のアイダモデルの欲求［desire］と行動［action］の間に**記憶**［memory］を入れたもので、同モデルは広告の業界でも適用されている（図2-3）。

アイダカ［AIDCA］モデル

1925年、エドワード・ストロングにより提唱された行動プロセスの理論。前述のアイドマモデルの記憶の代わりに**確信**［conviction］を用いたモデルである。

アイダス［AIDAS］モデル

前述のアイダモデルの後に**満足**［satisfaction］というプロセスを付け加えたもので、消費者の購入後の満足感やアフターサービスなどに注目した点で、コンサルティングの観点から高く評価されている（図2-4）。

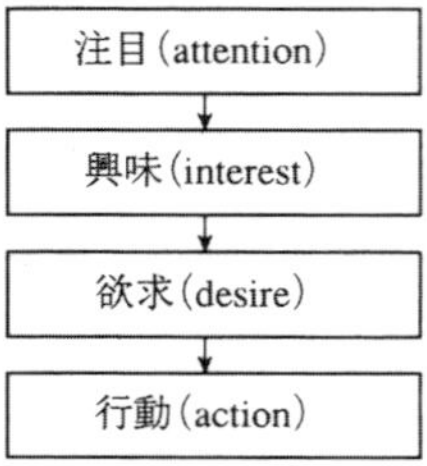

図2-2

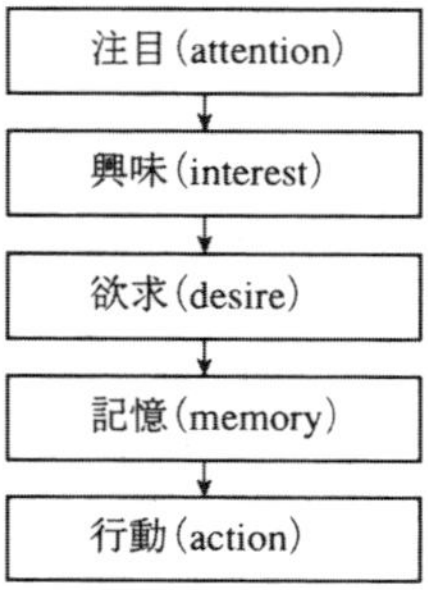

図2-3

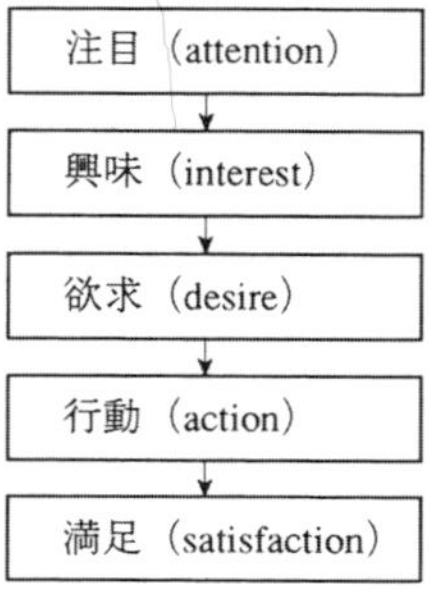

図2-4

2.3 小売業の形態

百 貨 店--

department store

単一資本で専門店や買回品を中心に多様な商品とサービスを提供する大規模小売業態。売場面積が政令指定都市で3,000m²以上、その他の地域では1,500m²以上の規模をもつ店舗で、大規模小売店舗法による規制を受ける。

専 門 店--

speciality store

専門品を中心に取り扱う小売業店舗。限定された商品アイテムの中で豊富な品揃えと専門的なコンサルティングを有するのが特徴。

スーパーマーケット--

supermarket

セルフサービス方式と低価格政策で食料品を中心とした量販売店の総称。とくに食品以外の家庭用品や衣料品を扱う店舗を**スーパーストア**という。

コンビニエンスストア--

convenience store

利便性を売る小規模小売店舗の総称。購買頻度の高い日用品や食料品を中心とした品揃えで長時間営業する店舗。1960年代以降、急成長を遂げている。

ショッピングセンター--

shopping center

デベロッパー（開発業者）により計画、運営された異業種の集積による商業集団。同センターの中で顧客吸引となる中心的店舗を**キーテナント**という。同センターには近隣型のネイバーフット［neighbourhood］、地域型のリージョナル［regional］、広域型のスーパーリージョナルの各タイプがある。

チェーンストア--

chain store

単一資本で11店舗以上を直接管理・運営する小売業もしくは飲食店の形態。同一資本のチェーン組織であることから、**コーポレートチェーン**［corporate chain］とか**レギュラーチェーン**［regular chain］とも呼ばれている。

ボランタリーチェーン

voluntary chain

独立した同一業種の小売店が独立を維持しながら卸売業者が主宰するチェーン組織に加入し、仕入れや販売促進の営業活動の協同化を行う形態のこと。とくに主宰が小売店の場合は、コーペラティブチェーン［cooperative chain］という。

フランチャイズチェーン

franchise chain

主宰者（フランチャイザー）が加盟店（フランチャイジー）に対し各種のノウハウや販売権を提供し、強力な指導のもとで活動させる形態をいう。加盟店は主宰者に対しノウハウ料を支払うが収入を約束されたものではない。

ホームインプルーブメントセンター

home improvement center

日曜大工用品から建材、住宅用部品などの住まいに関する製品を専門に取り扱うセルフサービス方式の総合小売店舗で、単に**ホームセンター**ともいう。

アウトレットストア

outlet store

メーカー出荷の段階で余剰在庫品などを集中的に仕入れて、低価格で販売するディスカウントストア。1970年代のアメリカで生まれた**ファクトリー［factory］アウトレット（工場直販）**がその始まりとされる。

ロードサイドリテイラー

roadside retailer

都市近郊の住宅地に隣接する幹線道路に立地し、広いスペースに限定された商品を大量かつ低価格で販売するディスカウントストアをいう。

カテゴリーキラー

category killer

特定の商品を豊富に品揃えして低価格で販売する大型専門店が既存の百貨店や専門店に与える影響から呼ばれた名称。前述のロードサイドリテイラーやパワーセンターがその例。

インショップ

in shop

店舗内で独立した専門店的機能をもつコーナーやショップのこと。同ショップにはテナントによるものと主宰店舗が自ら運営するものがある。

キーテナント--

key tenant

ショッピングセンターの中で顧客吸引となる中心的店舗のこと。知名度のある百貨店や総合スーパーが参加する形態が多い。

イートイン--

eat in

顧客の店内滞留時間を延長させることを意図し、飲食フロアー以外のフロアーに設置されたコーヒースナックのショップをいう。

ディスカウントストア--

discount store

専門店型の同ストアには、前述の**カテゴリーキラー**や**アウトレットストア**のほか、独自ルートで仕入れたブランド品を扱う**オフプライス［off-price］ストア**、ショッピングセンター型ではカテゴリーキラー数店をキーテナントとした**パワーセンター**やディスカウントショップを集めた**アウトレットモール**、倉庫式のウエアハウス型では会員の消費者を対象に卸売価格で販売する**ホールセールクラブ**などがある。

2.4 民法と契約

民　法--

社会生活上の一般的規範を定めた法律で、総則、物権、債券、親族、相続の5編1044条よりなる。販売に関するものでは総則に法律行為、時効、物権に所有権、留置権、債券に契約、売買、請負などの規定がある。

契約自由の原理--

契約時における当事者の立場は自由平等であり、契約の内容や方法、相手方の選択などは強行法規や公序良俗、信義則に反しない限り自由に締結できる。

契約の成立--

当事者間による拘束力をもつ取決めである契約は、相手方の「申込み」と「承諾」の意思表示の合致により成立する。契約書の有無はその成立要件ではない。

契約の無効--

強行法規および**公序良俗**、**信義則**に反したり、**錯誤**や意思能力をまったく欠く者による契約は、取消しや解除を待つまでもなく契約自体が無効となる。

契約の取消し--

契約の当事者の一方もしくは双方が**未成年者**、**禁治産・準禁治産者**である場合、また**詐欺・強迫**による契約である場合には一方的に取り消すことができる。

契約の解除--

契約の解除には当事者間の話合いによる合意解除、返品特約など契約の取決めによる約定解除、**クーリング・オフ規定**などでいずれか一方の当事者が法律の条件下で行う法定解除がある。

未成年者の法律行為--

満20歳に達していない者の法律行為は原則として法定代理人（両親や親権者）の同意が必要であり、同意のない**契約**は未成年者による契約として取り消すことができる。

売買契約--

売買は当事者の一方が財産権移転の債務を負い、相手方が代金支払いの債務を負う契約をいい、双方に同時履行の**抗弁権**、一方に**瑕疵担保責任**が発生する。

請負契約--

当事者の一方がある仕事を完成させることを約束し、相手方がその仕事の結果に対し代金を支払うことを約定した契約をいう。工事物件の所有権は、引渡しのときの代金の支払いと同時に注文者に移るが、請負者はその物件に関する担保責任を負うことになる。

時　　効--

ある状態が一定期間続いた場合に、権利を得たり失くしたりすることをいう。飲食代や宿泊代は**1年**、商品の代金は**2年**、請負人の工事代金は**3年**、公共料金や月賦代金などは**5年**がそれぞれの時効発議となる。

2.5 責　　任

瑕疵担保責任--

売買された商品の品質や性能に欠陥が見つかった場合に売主が負う損害賠償や契約解除を含む契約上の責任をいう。瑕疵とはその商品が本来有すべき品質や性能に欠陥があることをいい、売買時に明示されていたり、購入後の損耗や劣化により発生したものではない。売主の瑕疵に対する責任は、品質保証書の有無や同書の保証期間とは関係なく、買主がそれを発見してから1年間負うものとされている。

債務不履行責任

契約の一方の当事者が契約を履行しなかった場合に負う契約解除や損害賠償を含む債務をいう。債務不履行には履行遅滞、履行不能、不完全履行を含むが、債務者は自己に故意または過失がないことを立証することで同責任を免れることができる。

不法行為責任

商品の重大な瑕疵により身体や財産に損害を受けた場合に、契約上直接関係のないメーカーなどに問われる損害賠償責任をいう。同責任を問うためには被害者側で損害の事実だけでなく、加害者の故意または過失、損害発生との因果関係を立証しなければならないとされている。

製造物責任

商品の欠陥により身体や財産に損害を被ったとき、商品のメーカーがその過失の有無に関係なく負う賠償責任をいう。同責任は加害者の故意または過失を要件とせず（無過失責任）、被害者の立証責任を加害者の立証責任に転換し、被害者から製造者へ直接請求できるなどの消費者被害の救済の面で民法による不法行為責任とは大きく異なっている。この考え方を基本としたのが**PL［product liability：製造物責任］法**であり、わが国では家電製品、自動車、食品、医薬品などを対象に、平成7年7月より施行されている。

使用者責任

使用人（社員）が業務上、第三者に与えた損害は原則として使用者（社員の属する会社または同代表者）が賠償責任を負わなければならない。

2.6 販売関連法規

特 許 法

創造的な思想による技術的解決等の発明を保護する特許権は、出願から**20年間**の保護期間がある。

実用新案法

物品の形、構造、組合せによる考案を保護する実用新案権は、出願から**6年間**の保護期間がある。

意匠法

形状、模様、色彩もしくはこれらの結合による意匠を保護する意匠権は、大量生産が可能な工業製品が対象で、登録から**15年**の保護期間がある。

商標法

文字、図形、記号もしくは立体的形状とこれらの結合、またはこれらと色彩との結合による商標を保護する商標権は、登録から**10年**の存続期間があり、更新することができる。企業名やブランド名、商品名などがその例である。

著作権法

著作物の著作者の権利を保護する著作権は、著作物の創作と同時に発生し、登録を必要としないが、第三者に対抗するための登録制度もある。同権の保護期間は、創作・創造のときから著作者の死後**50年**とされている。

独占禁止法

公平で自由な競争を保護し、一般消費者の利益を確保することを目的とした法律で、**私的独占**、**不当な取引制限**、**不公平な取引**方法の各行為を三大禁止行為としている。

景品表示法

「不当景品類および不当表示防止法」の略称。過大な**景品付き販売**や**不当な表示**により、消費者が商品の選択を誤ることを防止し、事業者の公正な競争を確保することを目的としている。

消費者保護基本法

消費者の権利の尊重と利益の擁護および自立の支援を基本理念とし、国および地方公共団体、事業者の責務、消費者の政策に対する協力等を明らかにしている。

消費生活用製品安全法

危害を及ぼす恐れの多いと認めた「**特定製品**」は、国で定めた安全基準に適合したことを示すPSマークを表示しなければ、その販売と販売を目的とした展示（陳列）をしてはならないとしている（第3章表示マーク、安全に関するマークの項参照）。

割賦販売法

購入者から代金を2カ月以上の期間で**3回以上**に分割して受領することを条件とした販売を割賦販売という。同販売においては、販売業者は価格、支払時期・方法、商品引渡し時期、契約解除事項などの契約内容を書面で交付する義務がある。とくに無条件契約解除ともいう「**クーリング・オフ**」は、販売業者が営業所以外の場所で契約した場合に限り、契約書の書面の交付を受けた日から**8日以内**と定めている。

特定商取引法---

訪問販売や通信販売、連鎖販売取引等に対する規制と民事ルールを定めた法律で、キャッチセールやネガティブオプション、電話勧誘などもその規制対象になっている。

訪問販売---

家庭や職場など、営業所以外の場所において売買契約の申込みを受けて、指定商品、指定役務、指定権利の販売を行うことをいう。同販売では不実のことを告げたり、人を威圧して困惑させる行為は禁止され、契約時には一定の事項を記載した契約書面を交付しなければならない。クーリング・オフは同書面を受け取った日を含めて**8日以内**であるが、3,000円未満の現金取引や法指定の消耗品などには適用されないことに注意したい。

通信販売---

郵便、電話、預金口座振込みなどにより購入の申込みを受けて、指定商品、指定権利、指定役務の販売を行うこと。同販売の広告には、販売価格や代金の支払方法および時期、商品引渡しの時期などの販売条件の表示規準による明示が義務付けられている。広告の内容に誇大な表現や誤解を招く表現がある場合には、業務停止を含む罰則が課せられる。購入者の申込みを受けて行う同販売にはその性質上、クーリング・オフは適用されないが、多くの同業者は自主的な返品特約を明示している。

連鎖販売---

物品または権利の再販売、受託販売または斡旋、役務の提供または提供の斡旋をすることにより特定利益を得られるといって勧誘し、その人と特定負担することを条件とした取引で、いわゆる**マルチ商法**のことをいう。同販売での契約解除はクーリング・オフの告示を明示した書面の交付を受けた日、または商品の引渡しを受けた日から**20日以内**であり、同行使には後日のトラブルを避けるために内容証明郵便が多用されている。

2.7 IT（情報技術）と販売

IT--

information technology

コンピュータを導入して企業活動に関する情報収集や業務の効率化、通信の迅速化を図ること、またはその技術をいう。とくにオフィスに導入するのがOA（オフィスオートメーション）、家庭生活に導入するのがHA（ホームオートメーション）、工場に導入するのがFA（ファクトリーオートメーション）である。

POS--

point of sales system

販売時点情報管理システム。光学式自動読取式のレジスターにより収集した販売情報や仕入れ、配送の情報をコンピュータで加工し、伝達する小売業の総合情報システムをいう。

JANコード--

Japanese article number

わが国のPOSシステムに採用されている**商品識別コード**で、13桁の標準コードと8桁の短縮コードがある。標準コードの場合、左2桁は国名、次の5桁は商品メーカー、次の5桁は商品アイテムの各コード、最後はチェックデジットである。

EOS--

electronic ordering system

電子式自動受注システム。小売業者または卸売業者が、卸売業者またはメーカーにオンライン通信回線を介して自動的に仕入れを発注するシステムをいう。とくに発注データの入力方式には、ハンディ端末機にコードや数量をキーインする方式や棚札スキャン方式、オーダーブックを内蔵させたEOB［electronic order book］方式などがある。

VAN--

value added network

付加価値通信網。異業種間の情報通信のために交換機能を備えた処理装置に接続した一つのネットワークで、コード変換からデータ処理を提供するシステムをいう。とくにPOSシステムやEOSシステムで小売業と卸売業、メーカー間の取引で限定したオンライン受発注システムに用いられているものを流通VANと呼ぶ。

CAD--

computer aided design

コンピュータ支援設計。コンピュータでCG（グラフィック・ディスプレー）装置を用いて図面を作成するもので、建築設計製図や製品企画の意匠検討、評価のためのシミュレーションなど多方面で利用されている。

CAM--

computer aided manufacturing

コンピュータ支援製造。CADシステムによる設計を生産・製造に結び付けるために、NC工作機械や組立て装置の制御テープを自動的に作成するシステム。

第3章 表示マーク

3.1 品質に関する表示とマーク

家庭用品品質表示法

家庭用品の品質に関する表示の適正化を図り、一般消費者の利益を保護することを目的とした法律で、消費者が日常使用する繊維製品、合成樹脂加工品、電気器具および雑貨工業品の中で、消費者にとって品質を識別することが著しく困難で、しかも品質を識別することがとくに必要な品目を政令で指定し、品質に関し表示すべき事項と表示の方法を定めている。**指定商品**に表示がなかったり、表示が違う場合には経産大臣に対しその旨を申し出ることができる。

インテリア関連用品の対象製品には繊維製品で床敷物（パイル系）、既製カーテン、カーテン生地、雑貨でたんす、机および卓子、椅子類、塗料、電気器具で換気扇などがある。品質に関し表示すべき事項とその表示内容の例については以下の通りである。

表3-1 表示内容の例

項　目	製　品　名	品質に関し表示すべき事項
繊維製品	床敷物（パイル系）	①繊維組成，②難燃性，③寸法
	カーテン	①繊維組成，②収縮性，③難燃性，④家庭洗濯等取扱方法，⑤寸法
	カーテン生地	①繊維組成，②収縮性，③難燃性
雑　貨	たんす	①寸法，②表面材，③表面加工，④取扱上の注意
	机および卓子	①外形寸法，②甲板の表面材，③表面加工，④取扱上の注意
	椅子，腰掛け，座椅子	①寸法，②構造部材，③表面加工，④張り紙，⑤クッション材，⑥取扱上の注意
	塗料	①品名，②色名，③成分，④用途，⑤正味量，⑥塗面積，⑦使用方法，⑧用具の手入れ方法，⑨取扱上の注意
電気器具	換気扇	①品名，②操作方法，③羽根の直径，④騒音，⑤風量，⑥取扱上の注意

※表示は各表示規準に基づき表示者名を付記する.

- Gマーク……「グッドデザイン商品選定制度」に基づき財団法人日本産業デザイン振興会が企業から申請された商品の中から品質性、機能性、耐久性、安全性などを含むデザイン全体を審査し、選定された商品に貼付するマーク。
- ウールマーク……国際羊毛事務局［IWS］が定めた国際的な品質基準に適合すると認めたウール製品に付されるマーク。メーカーはIWSとマーク使用契約を結ぶことが必要。混紡の場合にはブレンドマークが使用される。
- Cマーク……社団法人日本カーペット協会が、同協会の会員が製造するタフテッドカーペットで、同協会が定めた品質基準に合格したものに付されるマーク。
- DKマーク……「優良断熱建材認定制度」に基づき社団法人日本建材産業協会が企業から申請された建材の中から優良と認定したものに付される品質認定マーク。断熱サッシ、グラスウール、ロックウールなどがその対象品目。
- BLマーク……「優良住宅部品認定制度」に基づき財団法人ベターリビング協会が企業から申請された住宅部品の中で優良と認定したものに付される認定マーク。防音サッシ、収納ユニット、給湯器、暖冷房システムなどがその対象品目で、表示製品には2年間の保証保険と事故に備えた賠償責任保険が付されている。
- 制電マーク……社団法人日本インテリアファブリックス協会［NIF］が制電性能に関する品質基準を設け、認定されたカーペットに付されるマーク。

以下、本文中の各マークについては本文中の認定・認可実施団体もしくは法律・制度により公表されたもの。

図3-1

・JASマーク……**農林物資法**に基づき、日本農林規格協会がJAS規格との適合性を審査し、基準に合格したものに付される格付マーク。インテリア関連では合板、集成材、フローリングボードなどがメーカー申請対象品目である。

・JISマーク……**工業標準化法**に基づき、日本工業標準調査会がJIS規格との適合性を審査し、基準に適合する品質を維持できる技術水準にある工場とそこで生産された製品に表示されるマーク。審査基準に品質管理および品質保証に関するISO9002（国際標準化機構）基準が導入された。

JASマーク　　JISマーク

図3-2

3.2 安全に関するマーク

・PSEマーク……**電気用品安全法**に基づき電気配線器具、電気温水器、ポンプなどの**特定電気用品**は検査機関の検査を受け、適合証明書の交付を受けなければならない。同用品は適合を示すこのマークがないと、販売することはできない。製造・輸入業者は特定電気用品以外の電気用品（冷蔵庫、エアコン、テレビ、洗濯機など）について安全性の自己確認が義務付けられ、定められたマークを表示しなければならない。

・PSCマーク……**消費生活用製品安全法**に基づき、乳児用ベッドなどの**特別特定製品**は第三者機関の検査を受け、国が定めた基準に適合することを示すマークを表示しなければ販売することはできない。特別特定製品（圧力釜、圧力鍋など）は安全性の自己確認が義務付けられ、定められたマークを表示しなければならない。

・PSTGマーク……**ガス事業法**に基づき、都市ガスを使用するボイラーなどの**特定ガス用品**は、国が定めた基準に適合する旨のマークを表示しなければ販売することはできない。特定ガス用品以外のガス用品については安全性の自己確認が義務付けられ、定められたマークを表示する。

・PSLPGマーク……**液化石油ガス法**に基づき、液化石油ガス（プロパンガス）を使用するボイラーなどの**特定ガス器具**等については、国の基準に適合する旨のマークを表示しなければ販売することはできない。特定ガス器具等以外の器具については安全性の自己確認が義務付けられ、定められたマークを表示する。

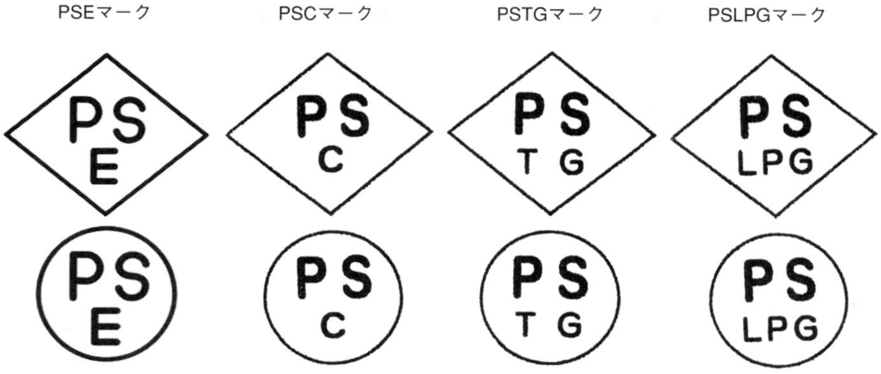

◇：左より特定電気用品、特別特定製品、特定ガス用品、特定ガス器具に付されるマーク。
○：◇囲み以外の用品、製品、器具に付されるマーク。

図3-3

3.3 環境保全に関するマーク

- 室内環境配慮マーク……社団法人全国家具工業連合会がシックハウス対策として、VOC（揮発性有機物）の発散を低くした家具に貼付するマーク。使用されている合板、木質繊維板、パーティクルボード、接着剤はF☆☆☆以上のもので、塗料はホルムアルデヒドを含んでいない。
- エコマーク……財団法人日本環境協会が商品の消費、廃棄の段階で環境を汚さず、リサイクルが考慮されているものを認定し貼付するマーク。再生紙利用の紙製品やフロンを使わないスプレーなどがその例。
- SVマーク……壁紙製品規格協議会が環境を考慮した壁紙として自主基準を定め、同基準以上と認定したものに付される規格マーク。
- Eマーク……ヨーロッパの国際壁紙製造協会［IGI］が再生紙の使用と環境保全を考慮したものに付すマーク。
- RALマーク……ドイツの壁紙品質保証協会と品質管理・標識協会［RAL］が定めた品質安全マーク。品質と環境を考慮した原料仕様と安全基準は最高水準とされている。
- ISM（イズム）マーク……日本壁紙協会が定めたガイドラインに適合した壁装材として認めたもので、同協会会員の製品に付されるマーク。製造から廃棄まで環境を考慮している壁紙に付されている。
- ケナフマーク……非木材紙普及協会が珪藻土壁紙やケナフ繊維を原料としたケナフ壁紙などの環境保全を考慮した壁紙に付すもので、エコロジー壁紙マークともいう。

室内環境配慮マーク

エコマーク

SVマーク

Eマーク

RALマーク

ISM（イズム）マーク

ケナフマーク

図3-4

第4章 家 具

4.1 家具の種類

家具はその機能、形態、材質、様式、その他の分類軸によって種類を区分し分類することができるが、ここでは椅子、テーブル、収納家具などの一般的な名称を中心に、その代表的家具と付加機能をもったものについて述べる。

椅 子 類

- アームチェア［armchair］……肘掛けが付いた椅子で、とくに休息性の強いものを**イージーチェア［easy chair］**とか安楽椅子という。肘掛けのないアームレスチェアには食堂椅子、学習椅子などがある。肘掛けのない小椅子を**サイド［side］チェア**と呼んでいる。
- スツール［stool］……背もたれや肘掛けのない小椅子。バーカウンターなどで使う座面の高いものをハイスツール、イージーチェアとペアで使う足乗せスツールをオットマン［ottoman］という。
- パーソナルチェア［personal chair］……個人で専用に使用する椅子の総称。とくに背もたれが高く頭を支えられる休息椅子のことを**ハイバック［high back］チェア**、ロッキング機能をもった揺り椅子を**ロッキング［rocking］チェア**、ハイバックの背もたれ部の上部に突き出した耳をもつ安楽椅子を**ウイング［wing］チェア**という。
- ソファ［sofa］……休息用の長椅子の総称。とくに二人掛けを**ラブ［love］チェア**、背もたれ部分に肘掛けがあり片方の肘掛け部が背もたれになるソファ状の寝椅子を**カウチ［couch］**と呼ぶ。長椅子で**ベンチ［bench］**というのは本来、背もたれのない長い座面のこと。また、座面が低く床にじかに置くクッションや床座式のライフスタイルに対応した椅子を**フロアー［floor］チェア**という。
- リクライニングチェア［reclining chair］……座面と背もたれの傾斜角度を任意に変えられる機構をもった休息用の椅子の総称。
- フォールディングチェア［folding chair］……運搬や収納時の便を考えて折畳みができる可変機能をもった椅子。キャプテンチェアやニーチェアなどの**デッキ［deck］チェア**はその代表的な例。
- スタッキングチェア［stacking chair］……運搬や収納時に積み重ねができる椅子。とくに会議用や業務用のスチール椅子に多い。
- リンキングチェア［linking chair］……横方向に連結できる機構をもつ椅子。屋外イベントなどに多用される連結椅子をいう。

・**セクショナルチェア**［sectional chair］……ワンアーム、アームレス、コーナーの各チェアを、置かれる部屋の形状や使用目的に合わせて自由に組み合わせて配置できる**セパレート**［separate］チェアのこと。

テーブル類

・**リビングテーブル**［living table］……居間で使用される卓子類の総称。ソファの前に置かれるものを**センター**［center］**テーブル**または**ティー**［tea］**テーブル**、ソファやアームチェアの横に置く脇卓子を**サイド**［side］**テーブル**または**エンド**［end］**テーブル**という。とくにサイドテーブルの中で、同形でサイズの異なる卓子を入れる方式に格納したものは**ネスト**［nest］**テーブル**と呼ばれている。

・**ダイニングテーブル**［dining table］……食卓は使用人数に対応した寸法であることが選定のポイント。一般に1人当り約60×45 cmであるが、近年では大きめのものか甲板が拡張する**エクステンション**［extension］**テーブル**が多用されている。甲板を拡張できるテーブルにはほかに、甲板の両端の半円型を折畳み式にした**バタフライ**［butterfly］**テーブル**や**ドロップリーフ**［drop leaf］**テーブル**、同式で拡張部分の甲板を支える脚が框(かまち)状で折畳みになっている**ゲートレッグ**［gate leg］**テーブル**などの形式がある。食卓と居間のテーブルを兼ねた低めのテーブルは**リビングダイニング**［living dining］**テーブル**と呼ばれている。

・**その他のテーブル類**……移動のためのキャスターを付けた配膳用の**ワゴン**［wagon］、ベッドの脇で照明スタンドを置く**ナイト**［night］**テーブル**、甲板の裏面に鏡を取り付けて半回転させドレッサーとして使う引出し付きの化粧卓子**ドレッシング**［dressing］**テーブル**、和室での食卓や応接用に用いる**座卓**など、多種多様である。

ベッド類

・**ベッド**［bed］……すのこ板や弾性ボトムの上にマットレスを置いた一般的なベッドにはそのマットレス幅、寸法により、95～105 cmのシングル、105～130 cmのセミダブル、130～150 cmのダブル、150～180 cmのクィーン、180 cm以上のキングサイズがある。

・**兼用ベッド**……昼間はソファで夜は背もたれ部を倒してベッドとする**ソファベッド**［sofa-bed］、片方に枕肘をもったソファ状の寝椅子**デイ**［day］ベッドなどがある。

・**特殊ベッド**……乳幼児用のベビーベッド、省スペース用の**二段**［double deck］ベッド、マットレスに温水を入れた**ウォーター**［water］ベッド、フレームとマットレスを中央で折り畳める予備用の**フォールディング**［folding］ベッドなどがある。

収納家具類

・**ワードローブ**［wardrobe］……衣服収納用の箱物家具の総称だが、一般には洋服たんすのことをいう。

・**チェスト&ドロワー**［chest & drawers］……衣裳、とくに下着や小物を入れる引出しだけの整理たんすのこと。関東では洋服たんすと衣裳たんす、整理たんすをセットにしたものを婚礼家具セットという。

・**ドレッサー［dresser］**……本来はオープン式の食器戸棚のことだが、現在では鏡付きの化粧だんす（鏡台）のことでスツール付きが多い。

・**リビングボード［living board］**……居間で用いる飾り棚の総称。とくに縦長で丈高のあるものをキャビネット［cabinet］、横長のものをサイドボード［sideboard］という。

・**カップボード［cupboard］**……食器戸棚。台所で用いる食器庫タイプと食堂で用いる飾り棚タイプがある。台所と食堂、または食堂と居間との間仕切りを兼ねた両面使用の収納戸棚のことを**ハッチ［hatch］**という。また、和室で茶器や食器を収納する戸棚を茶棚もしくは茶だんすと呼ぶ。

・**書棚［bookcase］**……書籍を収納する書棚にはオープン棚型式と扉を付けた飾り棚型式がある。とくに机に小型の書類棚を乗せたものを**ビュロー［bureau］**、ビュローの書類棚の扉を開いて甲板としたものを**ライティング［writing］ビュロー**または**ライティングデスク［writing desk］**という。

・**システム家具［systematized furniture］**……家具の部品や部材を用いて現場で組立て施工するシステム化された壁面収納家具をいう。特別注文による造付け家具に代わる家具として設計の段階での採用が多くなった。メーカーにより**収納壁**ともいう。

・**ユニット家具［unit furniture］**……ボックス（箱）を一つの単位（ユニット）とし、目的に応じて積み重ねたり並べて一つの家具とする組合せ式のシステム化された家具。重ね式のために高さや大きさが制限されるが、近年ではユニットどうしを締結金具でジョイントし安全性を確保したものも多くなっている。

・**ノックダウン家具［knockdown furniture］**……運搬やストックに便利なように家具の主要部分を分解し、使用時には付属の締結金具で簡単に組立てできるように設計された家具をいう。

4.2 和家具

和家具とは明治以降、日本に輸入された椅子などの洋家具に対する概念で、日本の風土とそれまでの床座生活によって培われた文化から生まれた独自の家具をいう。ここではその代表的なたんす類や唐木家具の指物、座卓、民芸家具についてその概要を述べる。

指　物

板と板を釘を使わず継手に枘を差して組み合わせた精巧な加工技法またはその技法で製作された家具をいう。京指物、江戸指物、唐木指物などがその例。

・**京　指　物**……起源は平安時代、クワやキリの無垢板を用いた飾り棚や小箪笥および茶道具洋指物で、茶道文化の興隆とあいまって普及した。

・**江戸指物**……産地が形成されたのは江戸中期、クワやケンポナシ、キリ、スギを用いた飾り棚や小たんす、とくに金釘を用いず木組みを見せない内枘仕立てと角丸仕上げ、江戸前といわれる拭き漆仕上げが特徴である。

- **唐木指物**……産地形成は江戸中期、紫檀、黒檀、鉄刀木（タガヤサン）、カリンなどの硬木を素材に、その木肌を生かした拭き漆の木地仕上げと堅牢な細工には独特の趣がある。飾り棚のほか座机や花台など、香港、台湾からの輸入品に比べて大阪の唐木指物は彫刻も少なく、全体としてシンプルな日本間向きの意匠である。

桐たんす

キリ材のもつ吸放湿性と通気性、とくに水を含むと燃えにくくなるなどの特性を生かした伝統的指物技術により製作される桐たんすは、ライフスタイルの洋風化の中で需要は年々減少しているが、伝統ある桐たんすへの愛着には変わらないものがある。

- **加茂桐たんす**……新潟県加茂地方の桐たんすは、東北産の良質のキリ材を主材に木釘と組継ぎの技法を特色としている。
- **春日部たんす**……埼玉県春日部地方の桐たんすの起源は、17世紀初頭に日光東照宮の造営に携わった工匠の一部が同地で長持ちなどをつくったことに由来し、今日では前述の加茂地方に次ぐ生産量を誇っている。

民芸家具

民芸家具は、一般の民衆の生活の中から生まれた日用道具や備品と、柳宗悦らの民芸運動によって創り出された椅子や卓子の新作民芸をいう。民芸運動は大正14年（1925）、**柳宗悦**を中心に浜田庄司や河井寛次郎らによって興されたもので“自然・質素・単純”の美を標榜した民衆的工芸の興隆運動である。

- **松本民芸**……柳宗悦の提唱する民芸運動に賛同した池田三四郎の指導により創始されたもので、同地方において17世紀末に形成された松本家具を土壌に、欧米からの輸入家具をデザインソースとしている。ケヤキやミズメの無垢材を用い、漆や柿渋で仕上げた堅牢な箱物と、松本ウインザーチェアは同民芸を代表するものとしてよく知られている。
- **北海道民芸ほか**……大原総一郎が興した北海道民芸、吉田璋也の民芸活動で興った鳥取家具民芸、九州の北九州民芸家具など、いずれも柳宗悦の理念を受け継ぎ設立されたものである。

4.3 家具の構造

椅子の基本構造

椅子は人体と接する座、背、肘の各部とそれを支える脚部で構成されている。人体を支える座は十分な強度と、使用する用途に応じたクッション性が必要である。笠木、背貫、背束からなる背の当たりや角度は、座り心地を左右するうえで重要なポイントになる。肘は腰掛けて自然に肘を支える位置にあり、立ち上がるときの荷重に十分に耐える強度が要求される。前脚を伸ばした束（つか）や、座枠の上に付けた束に肘を付けたものが多いが、曲木や成型合板、FRP［fiberglass reinforced plastic：ガラス繊維強化プラスチック］などを主体にしたものでは座、背、肘を一体化した構造のものも少なくない。

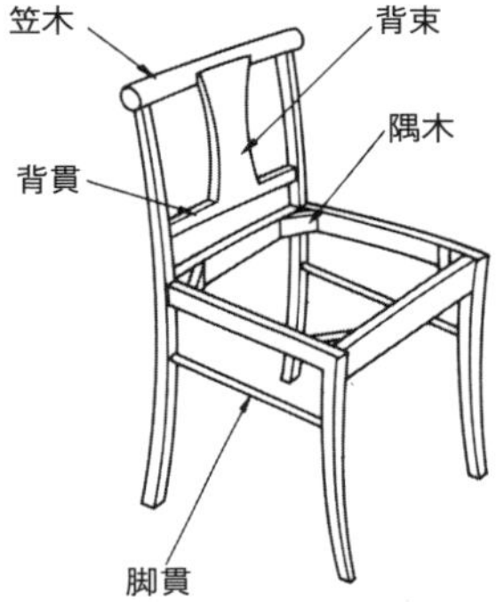

図4-1 椅子の基本構造

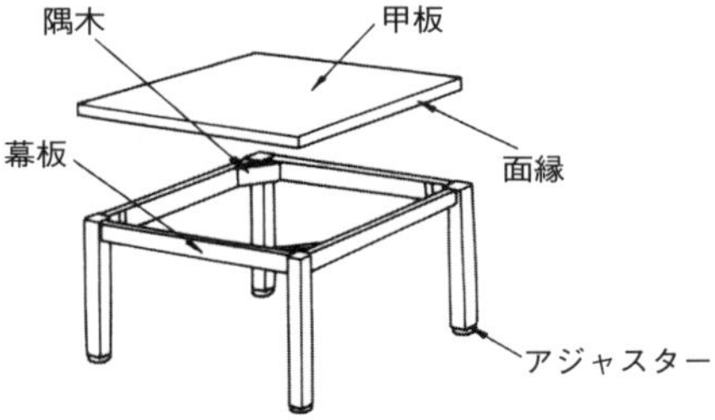

図4-2 テーブルの基本構造

テーブルの基本構造

甲板と脚から構成されるテーブルは、反ったり狂ったりしない甲板で、脚がぐらつかないことが構造上必要とされる。

- **甲板の構造**……芯材の種類により、ソリッド材を用いた**ランバーコア合板**、小角材で枠組みをつくった**フラッシュ合板**、ハニカムなどを芯材とした**ペーパーコア合板**、積層合板を芯とした**積層合板**、パーティクルボードを芯にした**パーティクル合板**など多様である。いずれの合板も、その小口や小端の面縁には化粧や反りの防止のために厚手の挽板を張って仕上げることが多い。

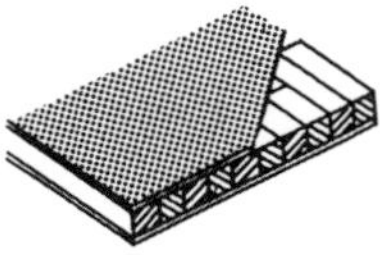

ランバーコア合板

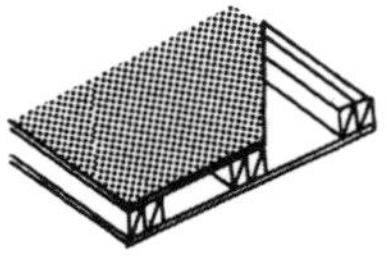

フッシュ合板（枠芯構造）

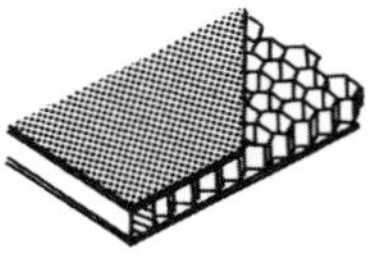

ハニカム合板（ペーパーコア合板）

積層合板

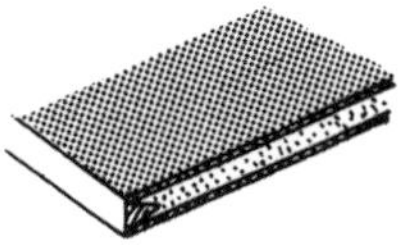

パーティクル合板

図4-3 甲板の基本構造

収納家具の基本構造

収納するための箱体、引出し、扉、棚板、中仕切り板、台輪（脚部）などを基本にした構成で、用途に応じた強度を維持するための適切な材料と組立ての継手や仕口が考慮されていなければならない。

・**箱体の構造**……箱体は天板、側板、地板、裏板、台輪などで構成され、それぞれの板材は甲板の項で述べたフラッシュ合板やハニカム合板を用いたパネル構造が用いられている。ただし、裏板はベニヤ合板が多い。

・**引出しの構造**……前板と側板、先板（向板）、底板からなる枠組みで、前板と側板はタブテール接ぎ（包み蟻組継ぎ）、側板と先板はコーナーロッキング（蟻組継ぎ）などの継手・仕口とすることが多い。

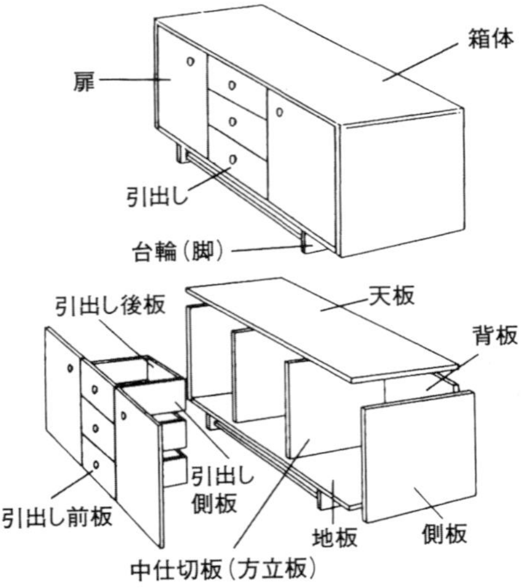

『インテリアコーディネーターハンドブック』
インテリア産業協会より
図4-4 収納家具の基本構造

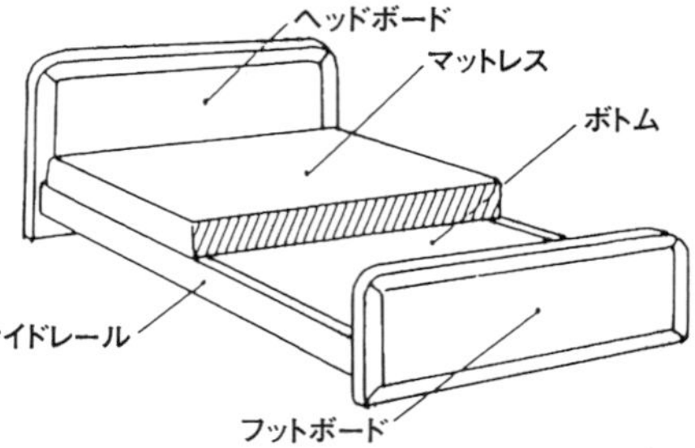

『インテリアコーディネーターハンドブック』
インテリア産業協会より
図4-5 ベッドの基本構造

ベッドの基本構造

ベッドは身体を水平に支えるマットレスとマットレスを乗せる床座のボトムや床板、ベッドの骨組みとなるヘッドボードを含むフレーム枠から構成されている。

・マットレス［mattress］……身体に直接触れる柔らかい感触層、体重を受け止め正しい姿勢を保つ硬い層、使用時の衝撃力を吸収する吸収層の**三層構造**から構成されるものが理想的である。マットレスのクッションには、もっとも一般的なスプリングやフォームマットレスのほかにウォーターマットレス、エアーマットなどがある。近年では姿勢が自然で、温度調節をできるウォーターマットを用いたベッドへの関心が高くなっている。

・**ボトム**［bottom］……マットレスを支えるボトムには、スプリングクッションをもつ弾性ボトムと木製の床板やすのこを用いた非弾性ボトムがある。弾性ボトムを用いたベッドのことを一般に**ダブルクッション**という。

4.4 家具の継手と仕口

継手は部材を長手方向に継ぐ方法、または部材を接合する手口の総称。**仕口**は木口、木口と小端を接合すること、または接合により形をつくることをいう。

・**平矧ぎ接ぎ**［edge joint］……木材の**木端**どうしを接合して板幅を広くする接合法で、板接ぎとか際接ぎともいう。芋矧ぎともいう平矧ぎのほかに、核を入れた雇い核矧ぎや本核を矧ぎ代にした本核矧ぎ、木端どうしの接合部を欠いた相互接ぎなどがその例。

・**矩接ぎ**［mortise and tenon joint］……**木端**と**木口**の接合法で、一方に枘、他方に枘穴をつくり差し込む枘接ぎと、堅木の丸棒（太枘）を用いて相互を接合する太枘接ぎがその例。とくに近年は、太枘接ぎが機械加工接合の代表的な仕口となっている。

・**留め接ぎ**［miter joint］……木口どうしの接合で、とくに木口を外面に出さない方法。枠組みや箱組みの接合に用いるもので、雇い核や薄板を留め端に挽き込むなどの補強が必要となる。雇い核平留め接ぎや挽込留め接ぎはその例。機械加工接合では太枘を用いた太枘差留め接ぎが多い。

・**相欠き接ぎ**［halved joint］……部材を互いに厚さの半分を欠いて組み合わせる接合方法で、合欠き接ぎともいう。T字形、十字形など多様な形がある。

・**組接ぎ**［finger joint］……部材を互いに**直角**に接合する箱組みの方法で、接合部の相互を欠いて接合するあられ組（蟻組）継ぎ、三枚組継ぎなどがその例。とくに引出しの組継ぎでは、**ダブテール継ぎ**ともいう包み蟻組継ぎや太枘を用いた太枘継ぎなどが多用されている。小口どうしをジグザグに指形にカットして接合する組継ぎは、とくにその形状からフィンガージョイントと呼ばれ、食卓やカウンターの甲板の構造に多用されている。

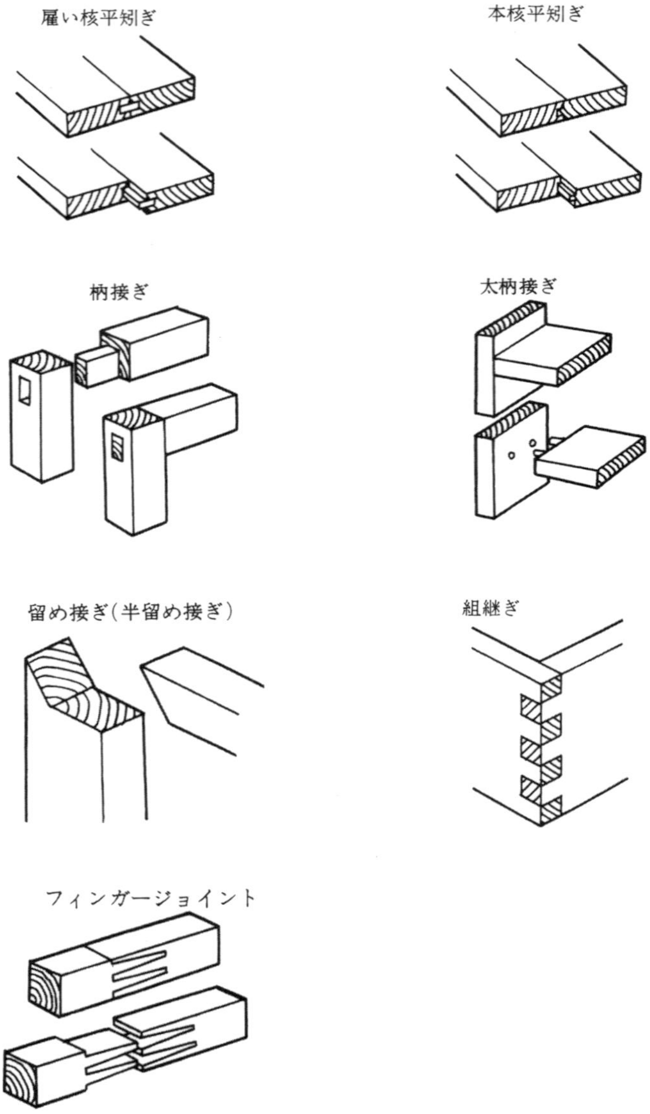

「第3回インテリアコーディネーター資格試験問題」より、一部加筆
図4-6 家具の継手と仕口

4.5 家具金物

家具金物には、部材を組み立てるための緊結金物、扉の開閉の軸となる丁番、扉を保持するキャッチ、移動を容易にしたり床を保護する脚金物など多種多様である。以下はその代表的な金物や金具である。

・**緊結金物**……板と板を組み立てたり分解するためのボルト・ナット類、カム作用を用いた締付け円盤、ベッド組立て用のヒキドッコなど。

・**丁番（ヒンジ［hinge］）**……羽根型の普通丁番、装飾金具を兼ねた儀星丁番、かぶせ扉に用いるスライド丁番、軸吊り用のピボット丁番など種類が多い。

フランス丁番：長楕円形のヒンジで、形状から**ナツメ丁番**とかオリーブナックルヒンジと呼ばれている。

スライド丁番：扉の内側に取り付けるもので、扉の調節が容易で施工性がよい。

軸吊り丁番：表面に金物を見せたくない場合に使うもので、**ピボットヒンジ**ともいう。

屏風丁番：どちらにも180度開くもので、折畳みスクリーンなどに多用されている。

ドロップヒンジ：ライティングデスクの引倒し扉にフラップステーとセットで使われる。

旗丁番：羽根を扉と枠に取り付けて管状のヒンジで連結するもので、形状から旗という。

隠し丁番：表から見えないように彫り込んで取り付けるもので、ガラス框戸に多用される。

グラビティヒンジ：せり上がりながら扉が開き、手を離すと自力で自動的に閉まる。

ピアノ丁番：ピアノの扉など、扉の形状が長いものに多用される。

アングル丁番：かぶせ扉に使用。表から扉の厚さ部分に金物の一部が見える。

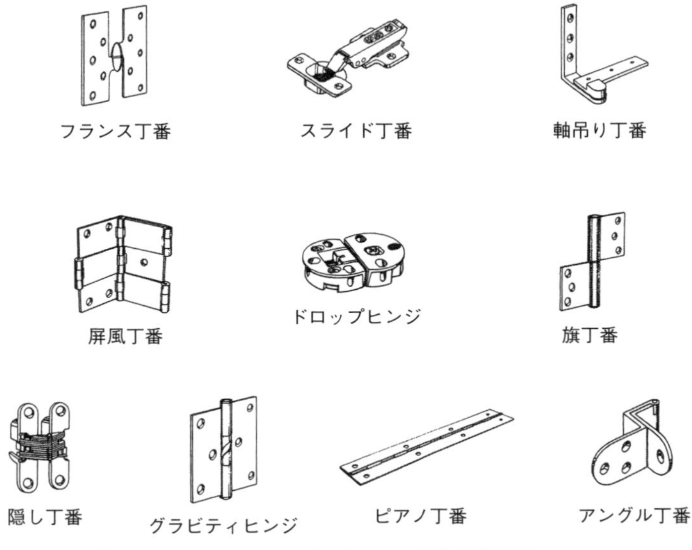

「第23回インテリアコーディネーター資格試験問題」より
図4-7 丁番の種類

・**キャッチ［catch］**……磁石を使ったマグネットキャッチ、弾性を利用したロータリーキャッチやボールキャッチ、引手なしで開閉できるプッシュキャッチなど、扉の開閉や丁番などと対応してその種類は多い。
・**ステー［stay］**……引落とし扉を支えるフラップステーと、上置の引上げ扉用のソリッドステーがある。ブレーキ機構を組み込んだものも多い。
・**ロック［lock］**……引出し錠、ガラス錠、オールロック、三点ロックなど多種。
・**キャスター［caster］**……移動を容易にする車輪で、固定型、双輪式、ストッパー付き、ボールキャスターなど椅子用とキャビネット用がある。
・**アジャスタ［adjuster］**……高さや水平を調整する脚金物で、キャビネット用もある。
・**グライド［glide］**……ソファやベッドボトムの移動を容易にし床を保護する脚金物で、とくに先端が回転するものを**ロータリードメス［rotary domes］**という。
・**棚受太枘**（だぼ）……棚板の取付け保持や棚の間隔を調整する際に用いる受金具。
・**機能金物**……椅子の回転やロッキング、上下可動、オートリターンなどの機能をもった装置。テーブル伸長用のエクステンション金具や昇降装置、ソファベッド用のベッドヒンジなど数多い。

4.6 家具の塗装

塗装の基本工程

木工塗装の一般的な基本工程は、素地調整、着色目止め、下塗り、中塗り、上塗りの順であるが、実際には木材の種類や仕上げ方法により複雑かつ多様である。以下は、基本工程の概要である。

・**素地調整**……木材の素地面を塗装に適した状態にするための検査、研磨、キズの補修など。とくに塗料の吸込みムラを防止するためにサンダーで研磨することをグルーサイジングという。
・**着色目止め**……木材表面の着色と塗料の余分な吸込みを防ぐための処理を同時に行う工程をいう。透明度の高い仕上げにする場合には下塗り後に目止めを行うことが多い。
・**下 塗 り**……素地研磨の前に塗る**ウォッシュコート［wash coat：捨塗り］**と着色目止め後に塗布する色押え、目止め押えの塗装の総称を**アンダーコート［under coat：下塗り］**という。下塗りには中塗り、上塗りの塗料の付着性をよくする役割もある。同塗料を**ウッドシーラー［wood sealer］**と呼ぶ。
・**中 塗 り**……塗り面を平滑にするために行う工程で、塗膜に肉付き感を与えながら研磨する。同塗料を**サンディングシーラー［sanding sealer］**という。
・**上 塗 り**……最終仕上げ塗装の工程。塗膜の強度を決定し、外観の光沢や質感などの仕上がりは、上塗りに使用する塗料によって大きな違いがある。中塗り後に研磨を施し、着色した塗料を用いて塗膜を着色することも多いが、これを塗膜着色という。

仕上げ塗装の種類

- **木地仕上げ塗装**……木材の材色をそのまま透明のラッカーやポリウレタン塗料で塗り、その濡れ色を仕上がりとするもので、**ナチュラルカラー仕上げ**ともいう。とくにローズウッド材やケヤキ材に多用。
- **白木仕上げ塗装**……アミノ樹脂塗料などの無黄変タイプの塗料で、濡れ色が出ず木地の白さをそのままに生かした仕上がりをいう。ブナ、ナラ、マツ、タモなどに適した仕上げで北欧の家具に多用されている。
- **オイルフィニッシュ［oil finish］**……チークオイルなどの乾性油を木材中に浸透させて拭き上げる仕上げで、オイルの濡れ色で木質感を強調した非塗膜塗装である。塗膜を形成せず木材内部に塗料が浸透する仕上げを**マイクロフィニッシュ（浸透仕上げ）**と呼ぶ。
- **ステイン［stain：着色］塗装**……素地着色や塗膜着色により木材を着色して付加価値を高める塗装で、ナラ、カバなど多くの木材に施されている。素地着色は染料や顔料に目止め剤を加えた塗料が、塗膜着色は染料や顔料をクリアラッカーに混合した塗料が使用されている。オイルステインクリアラッカー仕上げは後者の例。
- **クローズポア［close pore］仕上げ**……木材のポア（導管）を目止め剤でふさぎ、塗り面を平滑な状態にした仕上げ塗装。とくに、ポリッシュ（磨き）を行い鏡面にしたものを**ミラースムーズフィニッシュ（鏡面平滑仕上げ）**という。ポリエステル樹脂塗装のピアノ塗装はその代表的な例である。

4.7 金属家具の塗装・メッキ

前処理

pre treatment

金属の表面に付着した油類を除去する脱脂、錆をブラストや酸洗いで脱錆するなどの処理および塗膜の付着性をよくして防食性を高める化成被膜処理の工程をいう。とくに、ケレンで錆をとることを**ケレン処理**ともいう。

プライマー塗装

primer coating

前処理の後にパテ付けを行い、防錆のためのプライマー（防錆顔料と展色剤）塗装を施す下塗り塗装。中塗り塗装の付着性を高める役割もある。

サーフェース塗装

surface coating

下塗りの後に凹凸を調整し、上塗りの仕上げをよくするための中塗り塗装。

トップコート塗装--

top coat coating

上塗り塗装のことで、同塗装はデザイン上だけではなく耐久性、耐候性などを左右する重要な仕上げである。同塗装には、ラッカーエナメルやアクリルエナメルの速乾性塗料を用いた**自然乾燥仕上げ**と、熱硬化性の樹脂塗料を用いて加熱乾燥を施す**焼付け塗装**がある。

塗装方法--

- **スプレー塗装**［spray coating］……塗料を圧縮空気で霧状にして塗布する**エアスプレー式**と、塗料自体に高圧をかけて噴霧する**エアレススプレー式**がある。
- **静電塗装**［electro static coating］……霧状の塗料を静電気で帯電させて吸着させる方法で、被塗物の全体を均一に塗装できるのが特徴。
- **電着塗装**［electro coating］……直流電気による塗料の泳動で塗膜を形成させる塗装方法。
- **粉体塗装**［powder coating］……静電気と空気圧を利用し、粉末状の無溶剤塗料を付着させて焼付け仕上げとする塗装をいう。

メッキ処理--

plating treatment

耐腐食性、耐摩耗性、美観などを高める目的で、素材の表面を他の金属で被覆する仕上げ処理をいう。一般的には、銅またはニッケルメッキを下地にした電気メッキが施されている。

- **クロムメッキ**［chrome plating］……無水クロム酸を主成分にしたもので、銅やニッケルの下地メッキを保護膜として施す処理で、耐腐食性、耐摩耗性に優れた特性から、金属家具のメッキではもっとも多く用いられている。とくに同メッキの表面を艶消しにしたものをダルクロムという。
- **ニッケルメッキ**［nickel plating］……ニッケルメッキは防錆性に優れた特性から鉄鋼、黄銅、その他の金属の防錆処理や他のメッキ下地に多用されている。
- **銅メッキ**［steel plating］……スチールの錆止め、亜鉛ダイキャストやアルミ素地の下地メッキとして多用、銅と亜鉛または錫によるブロンズメッキもある。
- **アルマイト処理**［alumite treatment］……アルミニウムの耐食性を増すために、電解法で表面を被膜処理（陽極酸化）することで、染色処理も可能である。

4.8 椅子張り

椅子の上張り材--

椅子の座面や背面に張られる上張り材には、牛皮や豚皮などの天然皮革や合成樹脂を原料とした合成皮革、ビニルレザー、平織やコブラン織などの繊維織物、モケットやベルベットなどのパイル織などがある。以下はパイル織の代表的な上張り材とその特質である。

- **ベルベット［velvet］**……本来は絹の経（たて）パイル織だが、今日では綿やレーヨンの経・緯（ぬき）（よこ）糸を3mm程度にカットした毛羽状の**ビロード**のことをいう。
- **ベルベッチン［velveteen］**……綿の緯パイル織に緯糸を切断し毛羽を立てた綿ビロードのことで、別珍とも呼ばれる。
- **コーデュロイ［corduroy］**……綿の緯パイル織で経方向に畝（うね）がある畝ビロードのことで、**コール天**ともいう。耐久性、保温性に富む織物である。
- **モケット［moquette］**……経パイルの添毛織で地糸に綿や麻、毛立て糸にモケットやナイロン糸を使う。耐久性に富み車両のシートに多用。
- **金 華 山**……経パイル織で、朱子織の地に紋様をカットパイルやループパイルで織ったもの。洋式椅子の張り地に使用されている。

椅子のスプリング材

椅子の衝撃吸収材には、椅子の構造や用途、張り工法に適した形状や種類がある。スプリング材を用いない皿張りといわれる薄張りでは、合板の上に硬めのウレタンフォームなどのクッション材が衝撃吸収材の役割をしている。

- **ウエビングテープ［webbing tape］**……特殊ビニロン糸をバイアスに織った布を上質ゴムの中に埋没させてテープ状の弾性体としたゴムベルトで、薄張り工法の張り枠を中心にもっとも多く使用されている。
- **セットスプリング［set spring］**……鋼線を螺旋状に巻いたスプリングを鋼線の枠にセットしたもので、厚張り工法を中心に用いられている。
- **セットウエビング［set webbing］**……バターフォーム社で開発した特殊ゴム板で、エラストベルト（フラム）ともいう。平均化された弾性で施工が容易。
- **そ の 他**……鋼線をS状にした**スネーク［snake］スプリング**、細い鋼線を網目状に編んだ**メッシュ［mesh］ウエビング**など。

椅子のクッション材

椅子の上張りとスプリング・下張り材の間に充填される詰（つめ）物のこと。

- **ウレタンフォーム**……ポリウレタン樹脂を発泡させてスポンジ状にしたもの。軽く弾力性に富み、クッション材の主流を占めている。
- **合成繊維綿**……ポリエステルやポリプロピレンを主材とした合成繊維の綿で、上張りとクッション材の間に充填し身体の当たりをやわらげると同時に、外観上にふくらみを形づくる役割がある。
- **フォームラバー**……天然ゴムや合成ゴムのラテックスを加熱・発泡し海綿状に成型したもの。弾力性に富むが、耐候性にやや欠ける。
- **ロック類**……動物の毛を合成ゴムなどで固定化したヘアーロック、ヤシの実の繊維を用いたパームロック、化学繊維を用いた化繊ロックなどがある。

・ヘアー類……水鳥の毛（ダウンやフェザー）、ヒツジの毛、ウマのたてがみや尾の毛など。

椅子張り工法

・**薄張り**……食堂椅子や小椅子に多用される張り工法で、上張りを施したクッション入りの合板を椅子の座枠（台輪）に取り付ける皿張り、ウエビングなどを取り付けて上張りした木枠座面を座枠に落とし込む落とし込み張り、椅子の座枠に直接スプリングやクッションを取り付けて、椅子の台輪部分を含めて上張りする張込みなどの種類がある。

・**厚張り**……座枠の下端にセットスプリングなどの衝撃吸収材を取り付け、クッション材を詰めて座枠全体を上張り地で張りぐるむ方法で、土手によって座面の形をつくることから土手張りとか張りぐるみとも呼ばれる。

・**あおり張り**……座枠、背枠ともにコイルスプリングを取り付け、肘掛けや笠木を含め全体にクッション材を詰めて上張り地で包む総張りぐるみの工法。安楽椅子やソファに多用され、装飾性を高めるために全体を上張り地でくるんだ飾りボタンを用いた**ボタン締め**を施すことも多い。

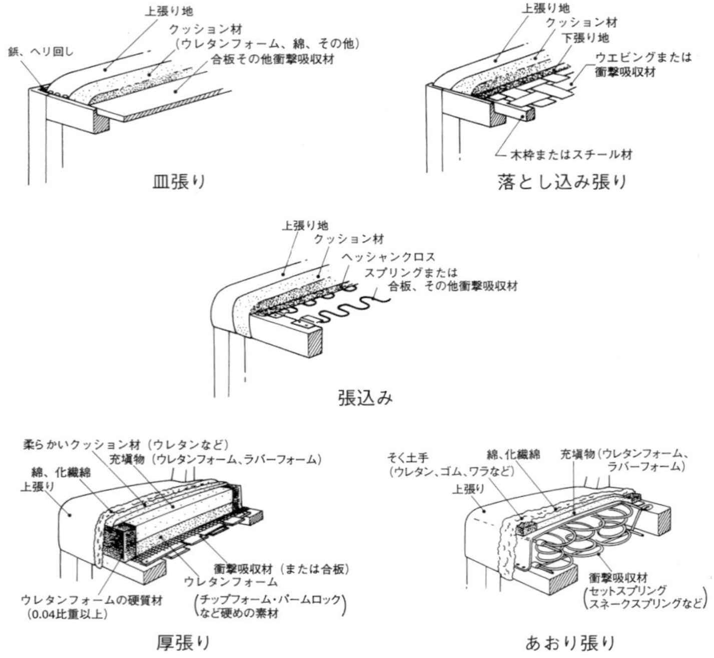

『インテリアコーディネートハンドブック』インテリア産業協会より
図4-8

4.9 デザイナーズチェア

名　　称	デザイナー	素材、特徴	製作年、国名
パイミオチェア	アルヴァー・アアルト	成型合板	1929〜31、フィンランド
Yチェア	ハンス・J.ウェーグナー	木製	1950、デンマーク
アントチェア	アルネ・ヤコブセン	成型合板十パイプ	1951、デンマーク
エッグチェア	アルネ・ヤコブセン	ウレタンモールディング	1952、デンマーク

パイミオチェア＊

Yチェア

アントチェア

エッグチェア

名　　称	デザイナー	素材、特徴	製作年、国名
バルセロナチェア	ミース・ファン・デル・ローエ	フラットバー	1929、アメリカ
MRチェア	ミース・ファン・デル・ローエ	スチールパイプ	1927、アメリカ
ダイヤモンドチェア	ハリー・ベルトイヤー	スチールロット	1957〜61、アメリカ
イームズ・ラウンジ	チャールズ・イームズ	皮革張り十成型合板	1956、アメリカ
アルミナム・ラウンジ	チャールズ・イームズ	皮革張り、リクライニング式	1958、アメリカ

バルセロナチェア

MRチェア

ダイヤモンドチェア

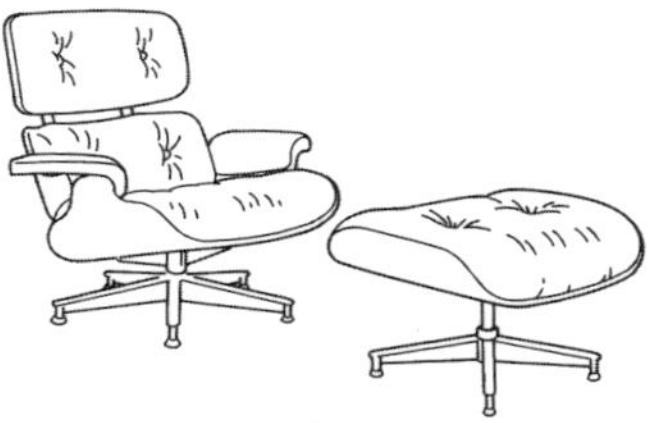
イームズ・ラウンジ

アルミナム・ラウンジ

名　　称	デザイナー	素材、特徴	製作年、国名
スーパーレジェラ	ジオ・ポンティ	木製、超軽量	1951〜52、イタリア
セレーネ	ヴィコ・マジストレッティ	FRP	1968、イタリア
キャブチェア	マリオ・ベリーニ	コードバン皮＋スチールロット	1977、イタリア
ウイーンチェア	ゲブルーダー・トーネット	曲木＋籐張り	1872、オーストリア

スーパーレジェラ

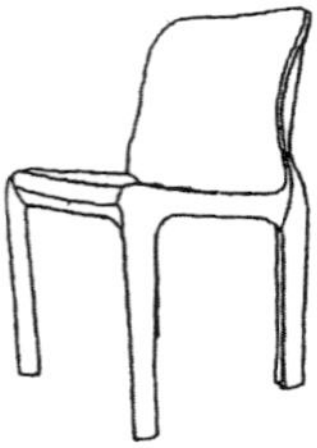
セレーネ＊

キャブチェア＊

ウイーンチェア＊

名　　称	デザイナー	素材、特徴	製作年、国名
ランディ	ハンス・コーレイ	アルミニウム、スタッキングチェア	1938、イタリア
KMチェア	剣持　勇	籐	1960、日　本
ニーチェアX	新居　猛	キャンバス＋スチールパイプ、フォールディング式	1970、日　本
コノイドチェア	ジョージ・ナカシマ	木製（ウォールナット）、畳ずり脚	1960、アメリカ

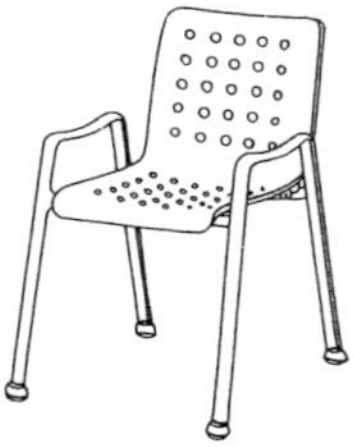
ランディ＊

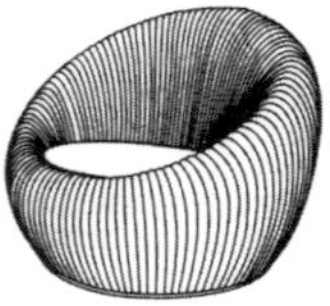
KMチェア

ニーチェアX

コノイドチェア

＊印：『第12回他インテリアコーディネーター資格試験問題』インテリア産業協会、
他は『インテリアコーディネーター資格試験問題集』井上書院より

図4-9

4.10 木質材料

合板（プライウッド）

plywood

木材をスライスした単板（ベニヤ）を繊維方向に交互に直交させ奇数枚張り合わせて接着したもので、接着剤の耐水性からフェノール樹脂を用いた完全耐水の1類（タイプI）、尿素樹脂を用いた高度耐水の2類（タイプII）、カゼイングルーや塩量尿素樹脂を用いた普通耐水の3類（タイプIII）、その他の特類の4種類がある。

LVL（単板積層材）

laminated veneer lumber

単板を繊維方向に平行に積層接着し縦方向の強度を高めたもので、家具芯材や造作用の単板積層材と柱や梁などに用いる構造用単板積層材がある。

集成材（ラミネートウッド）

laminated wood

小角材や挽板を繊維方向に平行に集成し接着したもので、安定した品質の大断面や長大材、湾曲材が得られる。JAS（日本農林規格）では同材を造作用材と構造用材に分け、それぞれに1、2等の等級を定めている。

パーティクルボード

particle board

木材の砕片を乾燥させて接着し、熱圧成型し研磨を施したものでチップボード［chipboard］ともいう。耐水性に欠けるが、断熱性や遮音性に優れた性質がある。

ファイバーボード

fiberboard

木材を主とする植物繊維をパルプ化し板状に成型した製品の総称。比重密度により、硬質のハードボード、中質のMDF、軟質のインシュレーションボードに区分される。繊維板は一般に水湿の影響を受けやすい欠点がある。

ハードボード

hardboard

比重0.8以上の硬質繊維板。フェノール樹脂を加えて高温高圧で圧縮しているために、材質が均一で収縮や狂いがなく、釘打ちや曲げ加工、焼付け塗装など加工性に富むのが特徴である。内外壁下地ほか、化粧板として仕上げ材にも用いられる。

MDF（中質繊維板）

medium density fiberboard

比重0.4以上0.8未満の繊維板。比重が軽いものは吸音材、重いものは家具基材として用いられている。加工性と断熱性に優れた特性がある。

インシュレーションボード（軟質繊維板）

insulation board

比重0.4未満の繊維板。同ボードは他の繊維板と異なる抄造成型による製法で、軽量で多孔質、断熱性に富んでいる。畳床用のT級と屋根下地、内壁材に用いるA級、耐水・防湿性を高めた外壁下地や床下地に用いるシージングボード［sheathing board］などがある。

WPC（木材・プラスチック複合材）

wood plastics composite

各種の木質材料にビニル系モノマー（樹脂液）を注入し硬化させた複合木材。表面が硬く耐摩耗性に優れ、汚れにくい特質があり、強化木材とも呼ばれる。

4.11 合成樹脂（プラスチック）

熱可塑性樹脂・熱硬化性樹脂

熱を加えると溶解し、冷却すると再び硬化するのが熱可塑性、熱によっていったん硬化すると再び加熱しても溶解しないのが熱硬化性で、樹脂のもつ分子構造の違いから生じる特質である。ポリエチレン樹脂や塩化ビニル樹脂は前者、フェノール樹脂やメラミン樹脂は後者を代表する樹脂である。

合成樹脂の成型加工

- **圧縮成型**……熱硬化性樹脂に多用されるプレス加圧成型法。ガラス繊維を不飽和ポリエステル樹脂に入れた**FRPの成型**はその例。
- **射出成型**……溶解した樹脂を金型に射出して冷却する熱可塑性対応型と、加熱して流動性を与え圧力で金型に押し込み加熱硬化させる**トランスファー［transfer］成型**ともいう熱硬化型対応の製法がある。
- **押出し成型**……溶解した樹脂をスクリューで連続して金型に押し出して管や棒、板状を成型する方法で、発泡剤を用いた発泡押出しもある。
- **真空成型**……熱可塑性樹脂を加熱軟化させて型に押し当て、内部を真空にして密着させ冷却後に取り出す成型法で、薄肉製品の成型に多用。
- **接触圧成型**……ガラス繊維を型に張り樹脂を塗って成型する製法で、**FRP［fiber-**

glass reinforced plastic：ガラス繊維強化プラスチック］成型とも呼ばれている。
・カレンダー加工法……熱可塑性樹脂をローラーに通してシート状に加工する方法で壁紙、ビニルレザー、合成皮革などの製品に用いる。

塩化ビニル樹脂--

vinyl chloride resin

難燃性、耐薬品性、耐摩耗性に優れた熱可塑性の樹脂で、フィルムやラミネート材、パイプ、発泡クッション、壁紙、ビニルレザーなどに使用されている。

ポリプロピレン樹脂--

polypropylene resin

耐薬品性、耐疲労性、透明性に優れた熱可塑性の樹脂で、丁番や梱包用バンド、椅子用材から食器まで広く使われている。

ポリエチレン樹脂---

polyethylene resin

耐薬品性、耐摩耗性に優れた熱可塑性樹脂で、ポリ袋やポリ容器から食器まで、その用途は広く合成樹脂の中ではもっとも生産量が多い。

ポリアミド樹脂--

polyamide resin

耐薬品性、耐摩耗性ほか、機械的強度に優れた熱可塑性樹脂で、一般にはナイロンと呼ばれている。ベアリング、車輪、戸車、脚キャップなどの部品に使用。

アクリル樹脂---

acrylic resin

耐薬品性、透明性、加工性に優れた熱可塑性樹脂で、**メタアクリル樹脂**ともいう。照明器具のカバーやドアパネルなどガラスに準じる素材を中心に、家電製品の部品や計器板など多方面で利用されている。

ABS樹脂--

acrylonitrile-butadiene styrene resin

アクリロニトリル（A）とブタジエン（B）、スチレン（S）の共重合樹脂で、耐衝撃性、耐薬品性に優れた特性があり、成型材料のほか発泡体とした**合成木材**などがある。

ポリカーボネート樹脂---

polycarbonate resin

耐熱性、耐衝撃性に優れた透明の熱可塑性樹脂で、耐衝撃性を必要とするヘルメットやギヤー、カムなどの素材として多用されている。

フェノール樹脂--

phenol resin

耐熱性、電気絶縁性、加工性に優れた熱硬化性の樹脂で、電気機器の基板や配線機器の部品を中心に、化粧板の基材や耐水用合板の接着剤として利用されている。

メラミン樹脂--

melamine resin

耐熱性、耐薬品性および硬度に優れた熱硬化性樹脂で、衛生器具、食器のほか、高圧積層成型によるメラミン化粧板として甲板の化粧板に多く利用されている。

不飽和ポリエステル樹脂--

unsaturated polyester resin

耐薬品性、耐候性に優れた熱硬化性樹脂で、その多くは強化プラスチック用樹脂として使用されている。ガラス繊維に混ぜたのがFRPであり、浴槽や防水パン、椅子のシェルなどに、オーバーレイした化粧板は収納家具の化粧板に多く利用されている。

ポリウレタン樹脂--

polyurethane resin

耐衝撃性、耐摩耗性、耐油性に優れた熱硬化性樹脂で、軟質発泡体はクッション材、硬質発泡体は断熱材や**インテグラスキン構造**の椅子シェルに、また家具などの塗料にも多用されている。

第5章
ウインドトリートメント

5.1 カーテンの種類

ドレープカーテン--------------------

drape curtain

遮光・遮蔽・装飾を目的とした厚手のカーテン。ジャカード織機で織られたジャカード［jacquard］カーテンのほかに、ドビー織機で織ったドビー［dobby］カーテンがある。ジャカード機は紋紙を用いて経(たて)糸を操作し文様を織る紋織機械で、厚手で大柄の意匠を自由に織ることができる。ドビー機は紋栓で綜絖(そうこう)を操作し文様を織る織機で、無地やストライプなどの単純な柄物を織っている。ドレープはこれらの織物のほか、ベルベットやモケットのパイル織を含む総称である。

レースカーテン--------------------

lace curtain

調光や装飾を目的とした透かしのあるファブリックの総称。レースカーテンの多くは経編によるラッセル編機や、同機にジャカードを装置したジャカードラッセル編機でつくられている。

ケースメントカーテン--------------------

casement curtain

レースの透過性とドレープの装飾性を兼ねたカーテン。透かし織や捩(もじ)り織のほか、経編が多く使用されている。後述のシアーカーテンより太い緯(ぬき)（よこ）糸でラフな織り方が多い。

プリントカーテン--------------------

print curtain

無地のドレープに後加工で捺染したカーテン。素材には綿の平織が多くスクリーンプリントのほか、大量生産にはマシンプリントが使われている。

シアーカーテン--------------------

sheer curtain

透過性の高い薄地の織物。同カーテンには、ポリエステルを主材にしたボイル

［voile］やジョーゼットなどがあり、プリントやオパール加工、ワッシャー加工などを施して、スタイルカーテンの素材として多用されている。

特殊機能カーテン

特殊な機能を付加したカーテンには、樹脂をラミネート加工した**完全遮光カーテン**、鉛を塩化ビニル樹脂でラミネート加工した**遮音カーテン**、アルミ金属を蒸着した**断熱カーテン**、バイオシル防菌加工を施した**抗菌カーテン**などがある。

5.2 カーテンの製織

平　織

plain weave

経糸と緯糸が1本ずつ交互に裏表に現れる三原組織で、代表的なものに白綿布、同織の変化組織には畝織や七子織がある。

斜文織

twill weave

経糸または緯糸の浮きが斜めに現れる三原組織で、**綾織**ともいう。遮光カーテンに適した製織で、代表的なものにサージがある。同織の変化組織には変化斜文織や山形斜文織がある。

朱子織

satin weave

経糸か緯糸のどちらかの浮き糸が多い三原組織で、高級なドレープの地合に多く見られる。変化組織にはトルコ朱子や昼夜朱子などがある。

パイル織

pile weave

経糸と緯糸のほかに第3の糸（パイル糸）を織り込んだ組織で、経パイル織の代表的なものにモケットやビロード、緯パイル織ではベルベッチンやコーデュロイなどがある。前述の三原組織にない毛羽状の生地が特徴である。

経編（たてあみ）・緯編（ぬきあみ）

経糸の鎖編を別の経糸でとじる経編の代表的なものがラッセル編機によるレースカーテンである。緯編は伸縮性のある衣料向けの編物に多く、カーテン地には使用されない。

コウエニット

経糸の鎖編に緯糸を織り込んだ織物と編物を結合した特殊な製織。

5.3 カーテンの繊維

レーヨン

rayon

木材のパルプやコットンリッターに含まれるセルロースを主材にした再生繊維で、染色性や加工性、コスト面のよさなどから、ドレープカーテンの素材として多用されているが、吸湿性があり耐摩耗性、耐久性に欠けるため、その多くは他の繊維と混紡もしくは交織して使用されている。

ポリエステル

polyester

耐摩耗性、耐水性、耐熱性に優れた合成繊維。とくにシワになりにくく太陽光に脆化しない特質を生かして、レースカーテンの主原糸として多用されている。

アクリル＆アクリル系

acrylic & acrylic vinyl

染色性、防縮性、かさ高性に優れた合成繊維で、ウールに似た風合いと洗濯性のよさからドレープカーテンの主力繊維としてもっとも多く使用されている。とくにアクリロニトリルが40%以上50%未満のアクリル系は、難燃性の特質から防炎規制のある場所で使用する難燃カーテンの素材として用いられている。

ポリ塩化ビニル

polyvinyl chloride

難燃性、耐候性に優れた合成繊維。太陽光に脆化しない特質を生かして、ドレープカーテンや難燃カーテンの素材として使用されている。

ポリクラール

polychlal

ポリ塩化ビニル共重合による合成繊維。ポリ塩化ビニルと同様に、難燃性と太陽光に脆化しない特質と適度な吸湿性からくる風合いのよさで、ドレープカーテンの素材として使用されている。

ガラス繊維---
glass fiber

　ガラスを高温で溶融し繊維状にした無機繊維。不燃性、耐熱性、耐薬品性に優れた特徴があり、**不燃カーテン**の素材として多用されている。同繊維によるカーテンは、その素材特質から手引きができないため、一般の住居用にはあまり普及していない。

綿 & 麻---
cotton & linen

　植物繊維の**綿**は太陽光に脆化し黄変したりシワになりやすい反面、耐久性、染色性やコスト面の利点からプリントカーテンに利用、**麻**は綿に似た欠点はあるが太陽光に脆化せずコシが強い特質からケースメントカーテンに多用されている。綿・麻はともにその欠点を補うために他の合成繊維と混紡、交織して用いたり、防縮加工その他の付加加工を施して使用される。

5.4 カーテン生地加工

樹脂加工--
resin manufactured

　繊維間に樹脂を浸透させて吸水性を低くすることで、防縮性を高めシワを防止したりコシを付けて風合いをよくする加工をいう。

サンフォライズ加工（圧縮加工）---------------------------------------
compression manufactured

　綿やレーヨンなどの収縮率の高い織物をあらかじめ物理的に収縮させ、カーテンにしたときの収縮を防止する加工で、サンフォライズの名称は同加工を開発した企業名である。

プリーツ加工---
pleats manufactured

　熱可塑性の樹脂液を用いてアイロンプレス加工することで、プリーツが洗濯によっても消えないようにしたパーマネント加工のことをいう。とくに毛織物に施すプリーツ加工は**シロセット加工**と呼ぶ。

ラミネート加工---
laminate manufactured

　ウレタンフォームや塩ビフォームの薄い被膜を生地の裏に張り付けて遮光性や

保温性を付与する加工のことで、遮光カーテンの加工に多用されている。

コーティング加工--

coating manufactured

塩化ビニルやポリエステルの樹脂を生地に塗布し、耐水性や遮光性、耐久性などを高める加工をいう。

エンボス加工--

emboss manufactured

形を彫ったエンボスロールで生地に浮き模様やシボを付ける形付け加工。とくにカレンダーロールを用いた形付け加工は**モアレ加工**ともいう。いずれも樹脂加工を併用することで、形くずれを防止することが必要である。

オパール加工--

opal manufactured

交織の再生繊維部分を酸で溶解し、透かし模様の柄をつくる加工のこと。

防汚加工--

soil-resistant manufactured

繊維の汚れを落ちやすく、また汚れを付きにくくする加工には、フッ素樹脂を用いた**スコッチガード加工**や、繊維に親水性を与える**ソイルレリース［SR］加工**がある。シリコンを塗布して水をはじきやすくする撥水加工も防汚加工の一つ。

金属蒸着加工--

metallic spraying manufactured

生地裏にアルミニウムの蒸気を付着させて、断熱性や遮光性を付加する加工のこと。同様の性能を付加するために金属の薄膜を張り付ける加工を金属ラミネート加工、金属の粉末を樹脂で塗布する加工を金属コーティング加工という。

マーセライズ加工--

mercerized manufactured

綿繊維に光沢を付けて寸法安定性を高める加工で、**シルケット加工**ともいう。

リップル加工--

ripple manufactured

綿繊維と苛性ソーダの化学反応を利用し、部分的に生地を収縮させる意匠上のシワ付け加工のこと。とくに、シアーカーテンなどのストライプ状のシワを付ける加工を**サッカー加工**、はじめから生地にシワをもたせる加工を**ワッシャー加工**という。

防炎加工--

リン酸系化合物やアンチモン化合物などの防炎物資や防炎剤を付着させて、生地を燃えにくくする後加工。近年では生地の繊維自体をポリ塩化ビニルやポリクラール、アクリル系などの**難燃繊維**にすることが多くなっている。

5.5 カーテンのスタイル

従来から用いられているカーテンのスタイルには、後述のローマンシェードを除き、次のようなスタイルがある。

クロスオーバー--

cross over

2枚のカーテンの吊り元を深く交差させたスタイルで、出入りのために開閉をしない掃出し窓に多用。全幅交差させたものを**フルクロスオーバー**という。

カフェ---

cafe

腰高窓で目隠しのため、部分的にカーテンを棒通しで固定したもの。カフェテリアで用いられたことが名称の由来。カーテンの上下をポールで固定したスタイルも多い。

センタークロス--

center cross

吊り元の中央部で突き合わせるもっとも一般的なスタイルで、交差ランナーやマグネットランナーを用いると開閉も可能になる。

スカラップ--

scallop

裾をスカラップ（貝）状やアーチ状にしたスタイルで、開閉しない腰高窓や出窓などに多用。

セパレート--

separate

カーテンを数本に分割し、中央部をタッセルで固定したもの。

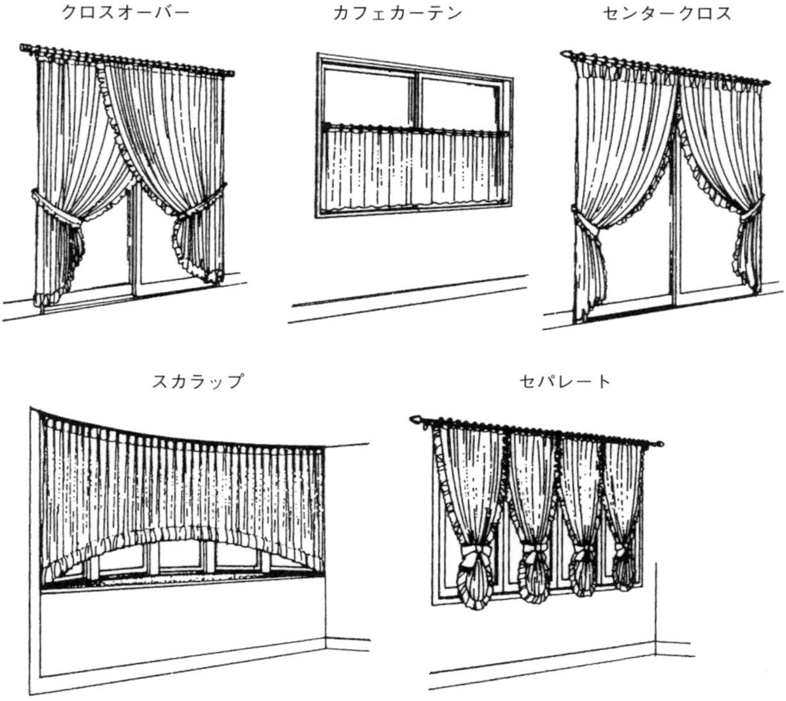

「第9回インテリアコーディネーター資格試験問題」より
図5-1 カーテンのスタイル

5.6 ローマンシェード

ローマンシェード［Roman shade］は、布地を上下方向に昇降させて開閉するスタイルのウインドトリートメントの総称で、操作にはコードタイプ、ボールチェーンを用いたドラムタイプ（ギヤータイプ）や電動式タイプがある。以下はスタイルの代表的バリエーションである。

フラット式---

シェードを下げたときはプレーンな状態で、引き上げると一定の間隔でヒダが畳み上がるもっともベーシックなスタイル。

シャープ式---

フラットタイプの折れとヒダの山の部分にバーを入れて、シャープなラインを規則正しくつくったもので、**タックバー式**とかフロントバータイプとも呼ばれる。

バルーン式---

シェードが下がったときは普通のヒダ付きのカーテン、たくし上げると裾が風船状にふっくらと丸みを描くスタイルカーテンで、欧米ではフェストゥーンシェードとも呼ばれている。

オーストリアン式---

シェード全体にウェーブをとり、丸みのある細かいタックを付けたもので、欧米では**マルキューズシェード**ともいう。劇場やホテルのロビーで広く用いられている。

ムース式---

ボトムにリングを付けひもで引き上げることでできるスタイルで、センタープルアップともいう。

ピーコック式---

シェードを下げたスタイルはシャープ式、引き上げたときに下部が半円のシルエットとなるスタイルをいう。

プレーリー式---

タックを交互にとりヒダをさざ波状にしたもので、形状からタックタイプもしくは**リップル式**ともいう。

表5-1 ローマンシェードのスタイル

呼称	フラット式	シャープ式	バルーン式	オーストリアン式
スタイル	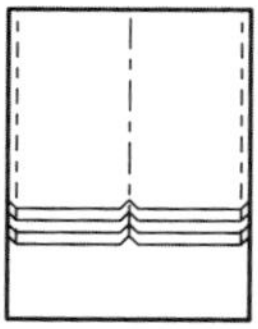	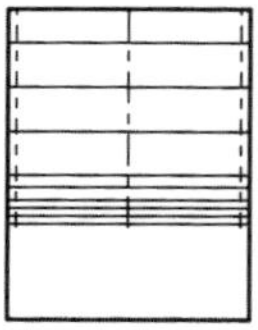	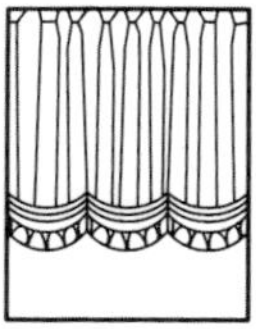	
特徴	一定の間隔でフラットなひだを畳み上げていく，ローマンシェードのもっともシンプルでベーシックなスタイル、幅広いファブリックスを選びます	生地とバーを組み合わせたシャープで規則正しいラインが特徴	たくし上げると両端から中央に向かってカーブを描くタイプ．スタイルカーテンのような雰囲気	ウェーブをたっぷりとったもっともゴージャスなタイプ、ホテルのロビーや劇場などにも用いられる
呼称	ムース式（センタープルアップ）	ピーコック式	プレーリー式	
スタイル	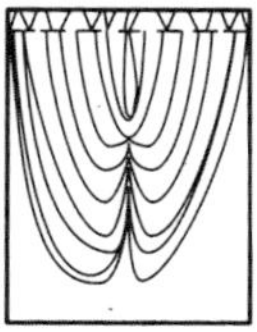	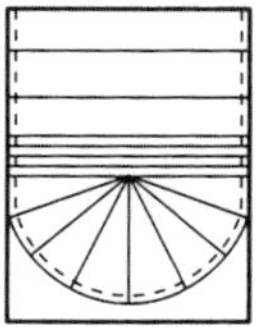	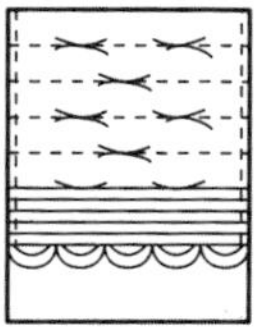	
特徴	中央を１本のひもで引き上げて作り出されるスタイルが特徴．引き上げて止める位置によっても微妙にスタイルが変化する．	引き上げたときにボトム部分が半円形になる．孔雀が羽を広げたような形から，ピーコックタイプといわれる	タックを交互にとり，草原のさざ波を思わせる細い起伏が特徴．ボトムにフリルが付く	

『インテリアコーディネーターハンドブック』インテリア産業協会より

5.7 ブラインド&スクリーンの種類

ベネシャンブラインド--------------------------------

Venetian blind

スラット（羽根）が水平に取り付けられた横型ブラインド。スラットの角度を調節したり昇降させることで、太陽の日射をコントロールするもっとも代表的なブラインド。操作方法には、一般的なコードや操作棒によるもののほかに電動式がある。

バーチカルブラインド--------------------------------

vertical blind

ルーバーを縦方向に取り付けた縦型ブラインド。ルーバーの角度調節と開閉により日射をコントロールするもので、細めのルーバーの開発により一般の住宅にも使用されるようになった。操作はコードまたはボールチェーン式が多い。

ロールブラインド--------------------------------

roll blind

スプリングを内蔵したローラーパイプにより布製のスクリーンを昇降させるブラインドで、**ロールスクリーン**［roll screen］ともいう。プリント地の色柄が豊かで装飾性に富むが、風にあおられやすい。

プリーツスクリーン--------------------------------

pleated screen

プリーツ加工した1枚の布をコードで昇降させるもので、**プリーツシェード**とか**アコーディオンプリーツ**などともいう。スクリーンは透ける部分と透けない部分を組み合わせるタイプも開発されている。

パネルスクリーン--------------------------------

panel screen

ひだのない1枚の布地を複数のレールに吊るし、左右に移動させて開閉するスクリーンで、パネルカーテンとかスライドスクリーンなどとも呼ばれ、室内の間仕切りにも多用されている。

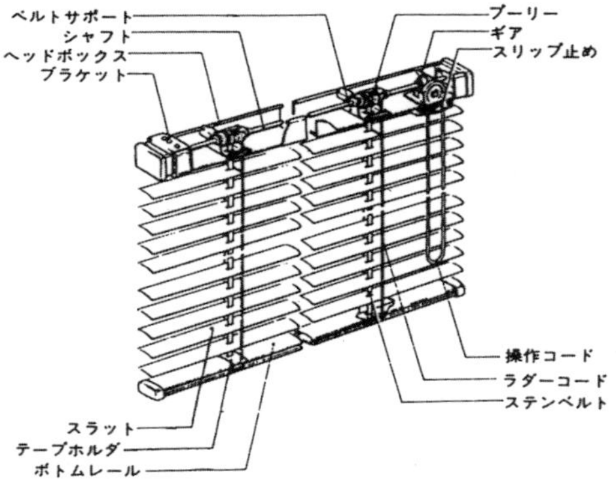

ベネシャンブラインド

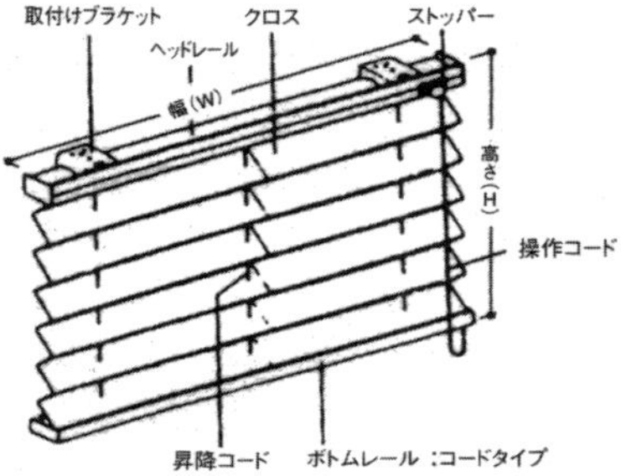

プリーツスクリーン＊

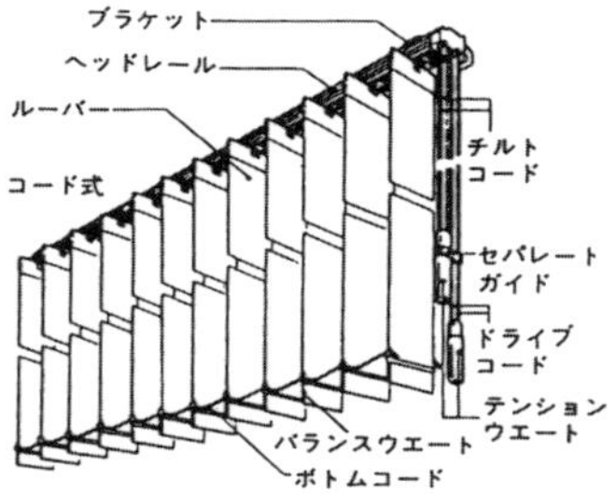

バーチカルブラインド

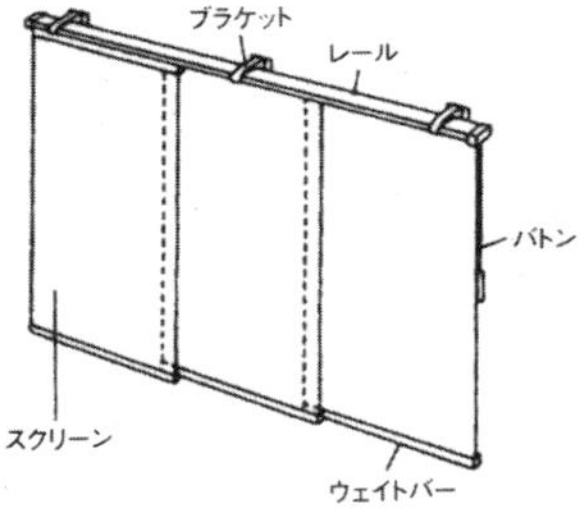

パネルスクリーン＊

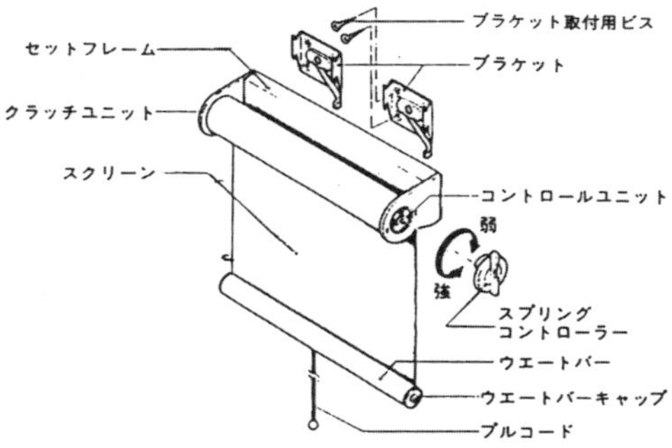

ロールブラインド

『インテリアコーディネーターハンドブック』インテリア産業協会、
＊印：『新インテリア用語辞典』トーソー出版より
図5-2

第6章 床仕上げ材

6.1 カーペットの種類

緞　通

knotted carpet

パイルを1本1本地経(じだて)糸にからませて結んだ最高級の手織カーペット。ペルシャ、トルコ、中国産が有名。日本には鍋島、堺、山形の各緞通がある。

ウイルトンカーペット

Wilton carpet

18世紀中頃、イギリスのウイルトン地方で織り始められた機械織の高級カーペット。ジャカード機を用いて基布とパイルを同時に織るもので、パイル密度が細かく、表面のパイル糸と裏面の地経糸、覆経(おおいだて)糸、緯糸の4種類の糸で強く締めて織るために、ほかの機械織に比較し耐久性がある。緯糸2本ごとにパイルをつくる二越(ふたこし)と、緯糸3本ごとにパイルをつくる三越(みこし)がある。とくに、二重組織の織機で2枚のカーペットを同時につくるフェイス・ツー・フェイスによる同カーペットをダブルフェース・ウイルトンカーペットという。

アキスミンスターカーペット

Axminster carpet

イギリスのアキスミンスター地方で織り始められた多色織の機械織カーペット。同カーペットには、8色または12色で別注対応用のグリッパー・アキスと、色数はほとんど無制限で既製品対応用のスプール・アキスがある。多彩で複雑な色柄のデザインが可能で、ホテルのロビーやホールなどを中心に使用されている。

タフテッドカーペット

tufted carpet

基布にニードル（針）と呼ばれる数千本の針でパイル糸を刺し込むタフテッドマシンでつくられた機械刺繍カーペット。同マシンはウイルトンのジャカード機の30倍以上の生産能力があり、大量生産によるコストダウンでカーペットの普及に大いに貢献した。現在生産されているカーペットの約7割を占めているという。同カーペットはパイルの引抜けを防ぐために、基布間にラテックス糊を用いたバッキング（裏面）処理が施されている。

ニードルパンチカーペット--

needle punch carpet

繊維のウェブをニードルで基布に突き立ててからませ、フェルト状にした不織布カーペット。ポリプロピレン樹脂の短繊維がその主材で、弾力性に欠けるが軽量で耐湿性に富む経済的なカーペットとして店舗や事務所に多用されている。

タイルカーペット--

tile carpet

ポリ塩化ビニル（PVC）や強化ガラス繊維、アスファルトでバッキング処理した50 cm角または45 cm角のタイル状のカーペット。OA化が進んだオフィスビルの二重床やフラットケーブルに対応できるカーペットとして、コントラクト分野で急激に普及した。タイル状のため損傷や汚れによる取替えやメンテナンスが容易である。

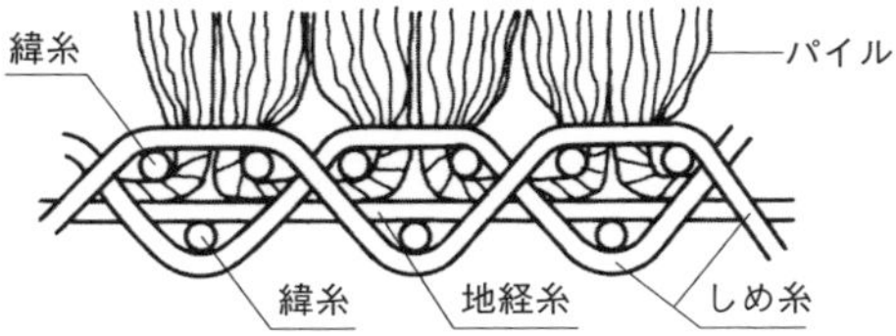

ウイルトンカーペット（三越織）

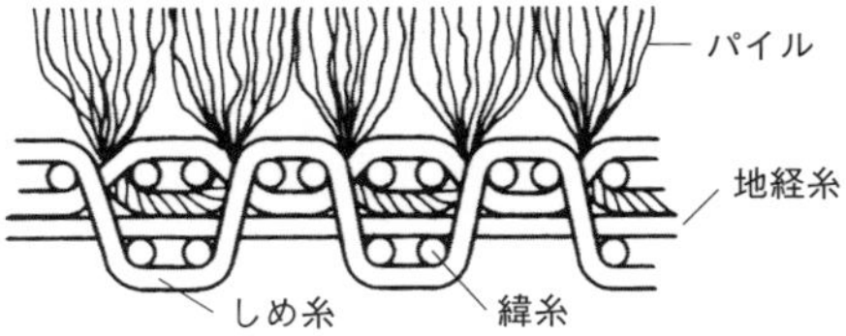

アキスミンスターカーペット

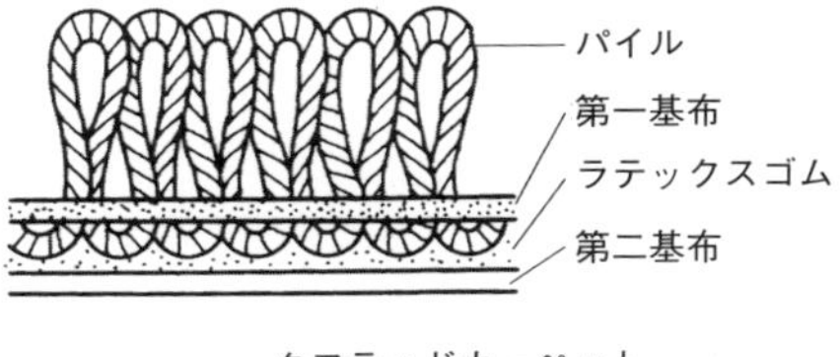

タフテッドカーペット

『インテリアコーディネーターハンドブック』インテリア産業協会より
図6-1 カーペットの織り方

6.2 カーペットの繊維

ウール---

wool

弾力性、保温性、保湿性などに優れた動物繊維で、これらの特性を生かしてカーペットや椅子張り地の高級素材として用いられている。耐摩耗性ではナイロンに比べて劣るが、風合いや感触が自然で汚れにくい高級カーペットの素材として住居用を中心に使用されている。

レーヨン---

rayon

木材のパルプなどの繊維からセルロースを溶かして長繊維とした再生繊維で、吸湿性があり感触が自然であるが、ヘタリやすく耐久性に欠けるため他の繊維と混紡もしくは交織し、タフテッドなどの普及品に多用されている。

アクリル＆アクリル系---

acrylic & acrylic vinyl

保温性、耐候性に富む合成繊維で、ウールに似た風合いと感触からタフテッドカーペットの主力素材として用いられている。熱に弱くケバ立ちやすい欠点がある。アクリル系はアクリロニトリルの成分が40～50％のもので、アクリルと異なり難燃性の繊維である。

ナイロン---

nylon

耐摩耗性、耐久性に優れた特性をもつ合成繊維で、オフィスやホテルなどのコントラクトカーペットの主力素材になっている。摩擦や折曲げに強く、カビや虫害を受けない反面、肌触りが粗く帯電しやすい性質があるため、ステンレススチールの糸を織り込むなどの**制電加工（帯電防止）**が必要である。

ポリプロピレン---

polypropylene

合成繊維中でもっとも軽量、耐摩耗性、耐湿性、耐薬品性に優れる反面、耐候性や弾力性に欠ける特性がある。同繊維のステープルは主にニードルパンチカーペットに、スプリット［split］化して人工芝などにそれぞれ用いられている。

6.3 カーペットのテクスチャー

プラッシュ--
plush

パイル長5～10mmのもっとも一般的なカットパイル。

ハードツイスト--
hard twist

パイル長10～15mmで、パイル糸に強い撚りをかけてヒートセットしたカットパイル。弾力性があり、耐久性に優れたシャギータッチが特徴。

サキソニー--
saxony

パイル長15mm前後、パイル糸を強撚しヒートセット加工したレベルカットパイル。パイルの先端がペンシルポイント状で、直立しているのが特徴。

シャギー--
shaggy

パイル長25mm以上、太めのパイル糸を疎く打ち込んだもの。装飾性に富むが歩行量の多いところには不向き。ピース敷きのマットやフックドラグ［hooked rug］として多用されている。

レベルループ--
level loop

ループ（輪状）パイルで高さが均一なもの。適度な硬さで歩行性、耐摩耗性に優れ、メンテナンスも容易なことから歩行量の多い廊下や居間に適している。

マルチレベルループ--
multi-level loop

ループのパイル長にランダムに高低を付けたもの。とくに、高さ（柄）に規則性がある場合は**ハイ＆ローループ**という。パイルの高低や糸の太細などでデザインは多様。

ハイカットローループ--
high cut low loop

高いループをカット形状にし、低いループを残して柄を表現したもの。レベルループパイルを部分的にカット形状にしたものを**レベルカット＆ループ**という。

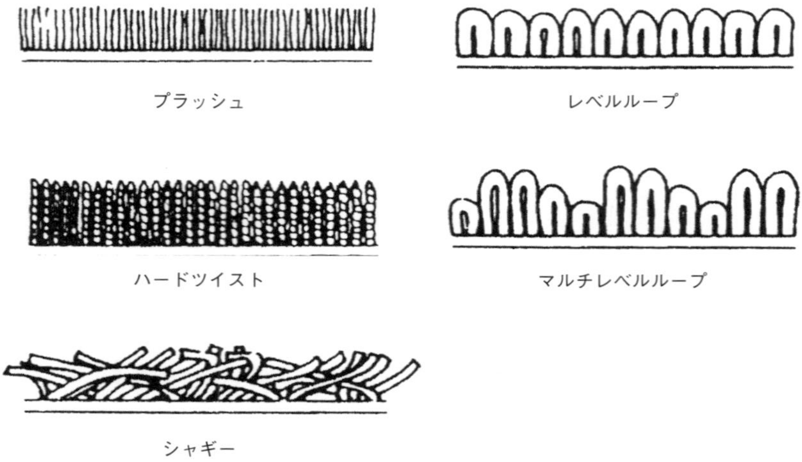

「第4回インテリアコーディネーター資格試験問題」より
図6-.2

6.4 カーペットの施工

置敷き工法

床が寄木張りや畳などで、釘止めや接着剤を使えないときの敷詰めに用いる工法で、カーペットを必要なサイズに切り周囲を折り曲げて糊やテープで止める**折込み仕立て工法**や、切口をオーバーロックミシンで縫って仕上げる**オーバーロック［over lock］工法**、畳べりに似たテープロックなどがある。

接着工法

床に接着剤で張り付ける工法で、カーペットの周囲の床面に接着剤を塗布する**袋張り**や、床面全体に接着剤を塗布して張り付ける**全面接着工法**、敷替え時にはがしやすくした接着剤を用いた**ピールアップ［peel up］工法**などがある。とくに床下地とカーペットの間にアンダーレイ［under lay：下敷き材］を使用しない工法を**直張り工法**という。アンダーレイに特殊なクッション材を用い、その両面に接着剤を塗布してクッション性をもたせた工法を**ダブルステッィク工法**という。接着剤を使えない場合や歩行頻度が低い場合には、両面接着テープを使うとよい。

グリッパー工法

逆針を付けた木片（グリッパーエッジ）を敷込みする部屋の周囲に打ち付け、

これにカーペットを引っ掛けて固定する工法で、**アンダーフェルト**を入れて施工できるために保温性や歩行性がよく、住居での全面敷込み工事にもっとも多く用いられている。

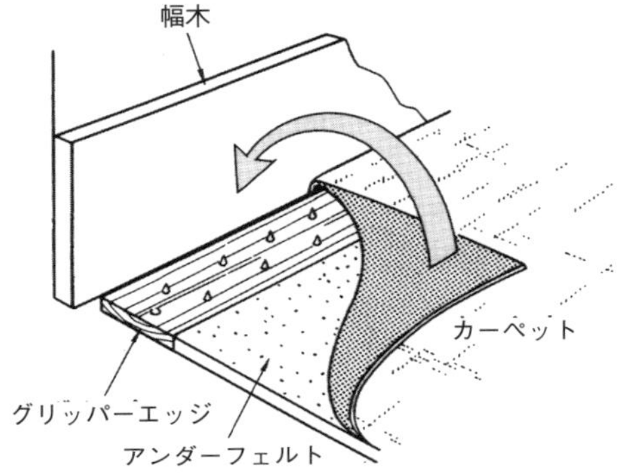

『インテリアコーディネーターハンドブック』インテリア産業協会より

図6-3

6.5 木質系床材

無垢板

天然木を厚さ15～30mm、幅90～300mm、長さ90～360cmに切断した**縁甲板**や必要な大きさにした板材は、その美観や保温性、歩行性のよさから伝統的に使われてきた床材である。針葉樹ではヒノキやマツ、広葉樹ではナラやブナが多用されるが、良材の不足と高価格のためその需要は減っている。

合板系フローリング材

合板や積層材を基材とし、天然木を薄く挽いた挽板を表面に張って樹脂塗装したもので、厚さ方向の層数が2以下で繊維方向に積層した**単層フローリング**とそれ以外の**複合フローリング**があり、それぞれに根太の上に直接張り込む根太張り用と、素地床の上に接着剤で張る素地床張り用がある。なお、単層フローリングの根太張り用のボードで針葉樹のものを、とくに**縁甲板**と呼ぶ場合もある。

- **フローリングボード**……ブナやナラ、カバなどの広葉樹で化粧した単層、根太張り用で、実(さね)はぎ加工が施され、1等、2等の区分がある。
- **フローリングブロック**……挽板、単板などを幅、長さとも短く接合し、正方形にした単層の素地床張り用フローリングをいう。
- **モザイクパケット**……挽板、単板などの小片を並べて組み合わせ、ピース状にした単層の素地床張り用フローリングのこと。

・**複合フローリング**……合板のみを基材とした複合1種、集成材または単板積層材のみを基材とした複合2種、それ以外の複合3種がある。表面に木材の挽板を張った天然木化粧のものと、合成樹脂をオーバーレイした特殊加工のものがある。
・**遮音フローリング**……複合フローリングに遮音シートやクッション材などからなる複層の防振層を裏打ちしたもので、JISによる遮音性能を示す等級が付されている。
・**床暖房用フローリング**……**WPC樹脂加工**を施して耐熱性を高め、割れや狂いを生じにくくした複合フローリングで、ヒーター内蔵型もある。

6.6 プラスチック系床材

積層基材にビニル系やゴム系の粘結剤と充填剤を混入させたもので、タイル形状のものとシート形状のものがある。以下はその代表的な床材である。
・**ビニル床タイル**……耐摩耗性、耐水性、耐薬品性は、塩化ビニル樹脂の配合率がもっとも高い**ピュアビニルタイル**がもっともよい。同樹脂の配合率が35％以上のものを**ホモジニアスビニルタイル**、それ未満のものを**コンポジションビニルタイル**という。一般に塩化ビニル樹脂の配合率が高いほど、弾力性に富み歩行感もよいが高価格である。
・**シート系床材**……塩化ビニル樹脂を主原料に、可塑剤や安定剤を加えてシート状に成型したもので、一般には**長尺ビニルシート**と呼ばれている。同シートの中で、中間層に発泡層がある積層タイプがいわゆる**クッションフロアー**である。同フロアーは、表面に凹凸のエンボス加工が施されて歩行感もよく、台所や洗面所などに多用されている。

6.7 タイル

陶磁器質タイル

陶石や長石、石英、粘土などを粉砕調合して成型・焼成したもので、耐水・耐火・耐薬品性などに優れた特性を有する。JISでは同タイルを用途別に、①内装用タイル、②外装用タイル、③床用タイル、④モザイクタイルと呼称している。以下は各タイルの素地とその特性である。
・**内装用タイル**……建物の内装（壁または床）用のタイルで、吸水率1％以下の磁器質、5％以下の炻器質、22％以下の陶器質があるが、半磁器質、硬質陶器質と呼ばれるものを含め、多くの内装用タイルは陶器質である。
・**外装用タイル**……外装用タイルは吸水性が低い磁器質か炻器質で、一般の外装用タイルのほかに無釉の**テッセラタイル**や**擬石タイル**がある。

・**床用タイル**……階段を含む床に用いるもので、外装用と同じく磁器質か炻器質が用いられる。歩行性や耐摩耗性、耐衝撃性が要求される床用タイルでは、転倒防止のため滑りにくいものを選定することが重要である。玄関土間などに多用されている**クリンカータイル［clinker tile］**は炻器質の床タイルの代表的なもの。

・**モザイクタイル［mosaic tile］**……内・外装の壁・床面の装飾仕上げ用の磁器質の小型タイル。通常、台紙張りされ、施工時においてはユニットタイル圧着張りやKM工法と呼ばれる工法が用いられる。

床タイルの工法

床下地モルタル面に張付けモルタルを塗って、タイルを1枚ずつ押し込んで張る**床モルタル張り**が一般的な湿式施工の張り方である。タイル張りが完了し、張付けモルタルが十分に硬化した後で、タイルの剥離防止と防水のために**目地詰め**を行う。

タイル目地割りの種類

床タイルの目地割りでは、内装タイルと同様に縦・横に目地を通す芋目地とも呼ばれる通し目地が一般的であるが、破れ目地ともいう馬踏み目地や四半目地なども多用されている。

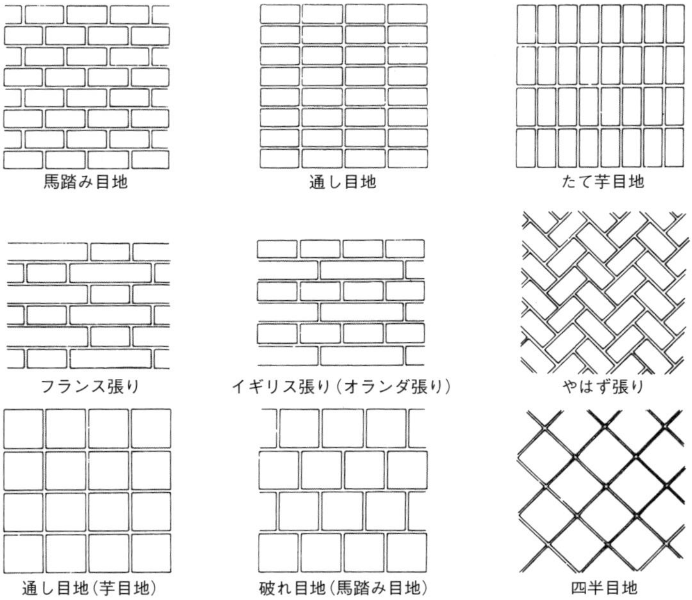

『インテリアコーディネート大系』日刊工業新聞社より
図6-4

第7章
壁仕上げ材

7.1 壁紙の種類

壁紙はその施工性のよさやデザイン性に富むことから、従来のモルタル塗りや砂壁などの湿式工法による壁装に代わり、今日の壁装仕上げの主流になっている。壁装には洋紙を原紙とした純壁紙、織物を裏打ちした織物壁紙、ポリ塩化ビニル樹脂を主原料としたビニル壁紙、その他の特殊壁紙がある。

- **ビニル壁紙**……ポリ塩化ビニルに可塑剤、充填剤、発泡剤、着色剤などを混合、フィルム（被膜）状またはペースト状にし、紙や布に張ったり塗布してエンボス（型押し）やプリントを施したもので、耐水性、デザイン性、施工性に優れた特質があり、壁紙全体の90％を占めている。ビニル壁紙の製法には、カレンダー機でフィルム成型した樹脂を張り合わせてつくる**トッピング法**と、ペースト状にした樹脂を塗布する**コーティング法**がある。なお、ポリ塩化ビニル壁紙は焼却時、環境を破壊する有毒ガスを発生するため、近年では非塩ビ系のものに切り替りつつある。

  ビニル壁紙にはエンボス加工した**エンボス壁紙**、エンボス加工と同時にプリントを施した**プリント・エンボス壁紙**、発泡剤を入れてスポンジ状にしてプリントやエンボス加工を施した**発泡壁紙**、柄に発泡抑制インキを同調させた**ケミカル発泡壁紙**などがある。

- **織物壁紙**……織物、編物、不織布、フェルトなどを紙で裏打ちした壁紙で、壁装クロスともいう。柔らかい風合いと高級感からホテルのロビーやオフィスの役員室、応接間などに使用されているが、耐水性やメンテナンス性、コストおよび内装制限の法的規制などからその使用量は少なくなっている。

- **純 壁 紙**……洋紙にプリントやエンボスの加工を施したもので、その多くはヨーロッパやアメリカからの輸入品である。53 cm幅であらかじめ裏面に糊を付けてロール巻にした日曜大工向けがよく知られている。純壁紙の多くは耐汚性、耐湿性を付加し水拭き可能にしたものであるが、わが国では慣習の違いのためか、あまり普及していない。

特殊機能壁紙

ビニル壁紙に特別な性能を付加したもので、主なものには汚れ防止壁紙、防カビ性壁紙、結露防止壁紙、防火壁紙などがある。

- **汚れ防止壁紙**……ポリエステル系のフィルムをラミネートしたり、アクリル系やフッ素の樹脂をコーティングして、付着した汚れを拭きやすいように表面処理したもの。

- **防カビ性壁紙**……壁紙の中にバイナジンなどの防カビ剤を混入させ、表面のカビの発生原因を除去したもの。とくに施工時は、パテや接着剤（糊）にもカビ抵抗性のものを使用しなければならない。
- **結露防止壁紙**……吸水性ポリマーなどを混入させて通気性（透湿性）を付加した壁紙で、湿気を吸放出させ結露の発生を防止したもの。
- **防炎壁紙**……アミン系の含リン酸化合物やアンチモンなどの難燃剤を含浸させて壁紙を燃えにくくしたもの。とくに防火1級、2級の検定が設けられているが、内装制限による規制を受ける場所での防火性能は、下地基剤との組合せにより不燃・準不燃・難燃の種類に区分されている。

7.2 壁紙の施工

下地調整

壁装仕上げでは、下地の種類に応じた適切な下地調整が必要になる。以下は下地を平滑にし、壁紙との接着をよくするための下地処理の方法である。

- **パテ処理**……下地の表面や下地の継目部分の段差を平滑にするための処理。パテには、炭酸カルシウムや石膏の粉末、樹脂を混ぜてペースト状にしたものを中心に、下地に応じたものが用意されている。
- **シーラー処理**……下地からのアルカリ分の浸出によるアク止めと、下地への水分の過分な吸収をなくすために行うもので、シーラーには水溶性（PVA）系と、耐水性のエマルション［emulsion］系、樹脂系の溶剤タイプなどがある。
- **コーキング処理**……枠回りや入角の隙間を処理するもので、充填材にはペースト状にしたアクリル系の合成樹脂が用いられている。
- **サンダー処理**……下地表面の凸部をサンダーで平滑に削ることをいう。

壁紙の下張り

壁紙の施工には、下地に直接壁紙を張る**直張り**（じか）と、下地に下紙を張ってその上から壁紙を張る上張りがある。以下は下紙を張る施工の種類とその用途の概要である。

- **目 張 り**……合板やボード下地の継目やモルタルのクラック部を隠し平滑にするために、目地部分に目地テープや帯状のクラフト紙を張ること。袋張りの前に、下地の目地部分にハトロン紙や和紙を張ることを意味する場合もある。
- **ベタ張り**……下地の平滑化と均一化を目的に、全面糊付けしたハトロン紙などの下紙を四方数センチ重ねながら下地全体に張ることをいう。ベタ張りはあばれやすい下地調整に有効である。ただし、内装制限のある場所では、ベタ張りを含めすべての下張りは禁止されている。

- **袋 張 り**……半紙丈（30×45 cm）の和紙の四辺に細かく糊付けし、数センチずつ重ね合わせて張ること。下地の平滑化と仕上がりのソフト化が目的。
- **清(きよ) 張 り**……袋張りの下地紙のタルミを防ぐため、その上からさらに下紙をベタ張りすることで、織物の壁装仕上げの下張りとして多用されている。

壁紙の上張り

下張りをせず下地に直接壁紙を張る直張りを含め、上張りの際は天井と壁、下地どうしのジョイント部分の目地処理が仕上がりに大きな影響を与える。

- **上 張 り**……下地に直接壁紙を張る直張りでは、下地の不陸（凹凸）やキズ跡が直接仕上がりに影響するために下地調整を完全にすること。目地処理については以下に述べる。
- **上張りジョイント**……上張り材のミミ（布の端）どうしを裁ち目で突き付けていく**突付け張り**、幅の狭い溝（2～3mm）に上張り材の裁ち目部分を突っ込む**突込み目地張り**、幅の広い溝（6mm前後）に上張り紙の裁ち目を重ね張りする**透かし目地張り**、突込み目地張りの後に金属やプラスチックの目地棒で溝部分を押さえて固定する**目地棒押え**などがある。

7.3 内装用合板・ボード類

天然木化粧合板

natural fancy plywood

普通合板の表面に天然木の突板（1mm未満の単板）を張って塗装したもので、**単板オーバーレイ合板**ともいう。天然の木目（木理）や質感をそのままに生かした内装仕上げ材として、オフィスの役員室や会議室にも多く使用されている。

オーバーレイ合板

overlaid plywood

合板の表面にメラミン樹脂やポリエステル樹脂をオーバーレイした樹脂含浸紙化粧板のこと。耐水・耐熱・耐薬品性、耐摩耗性、耐久性に富む化粧板で、主にカウンターや卓子の甲板（トップ）の化粧材として使用されるが、オフィスやホテルのロビーや廊下、会議室などの内装材としての使用も多い。とくに、使用される樹脂名から、**メラミン化粧合板**、**ポリエステル化粧合板**と呼ぶことがある。

プリント合板

printed plywood

普通合板の表面に、杢目模様などを印刷した紙を張って塗装仕上げした塗装合板で、天井仕上げ材として多用、**印天**ともいう。耐摩耗性、耐候性に欠けるが、廉価なため内装仕上げ材としてもっとも多く利用されている。

木質繊維板（ファイバーボード）--

fiberboard

パルプや樹皮の植物繊維を板状に圧縮成型したもので、耐熱性、吸音性に優れた天井用仕上げ材として、オフィスや店舗に多用されている。

木毛セメント板&木片セメント板--

cemented excelsior board & cemented chip board

木毛・木片をセメントと混ぜて板状にプレス成型したもので、耐火性、断熱性、遮音性、耐水性に優れ、内外壁、軒天井、屋根下地用として使用。とくに木毛セメント板は軽量で断熱板、難燃板としての使用が多い。

ロックウール板--

rock wool board

岩綿に結合剤を加えて板状に加圧成型し、表面に塗装仕上げしたもので、吸音、断熱・防火性に優れた不燃材、準不燃材として天井仕上げ材に用いられている。対吸湿性に欠けるため、軒天や浴室の天井材には使用できない。

石膏ボード（プラスターボード）--

plaster board

石膏板の両面を厚紙で被覆し板状に成型したもので、**プラスターボード**ともいう。防火性、防音性に優れた内装下地材として広く使用されている。とくに防水処理を施したものを**シージング石膏ボード**［sheathing plaster board］、吸音用の孔を施したものを**吸音ボード**、塗り壁の下地用に孔をあけたものを**ラスボード**［lath board］という。石膏ボードは準不燃材として適合するが、12mm以下のものは条件により不燃材となる。

石綿スレート--

asbestos slate

石綿にセメントを加えて板状に加圧成型した不燃材の総称。防火性、耐久性、耐水性などに優れた特性がある。石綿を増し成型圧力を大きくして強度を増したのが**フレキシブルボード**［flexible board］である。

7.4 吹付け仕上げ

吹付け材料

湿式工法の吹付け仕上げに用いる同材料はポルトランドセメント、プラスター、消石灰、各種合成樹脂などの**固結材**と寒水砂、珪砂、パーライト石粉などの**骨材**、および接着剤などの**混和材**で構成されている。

セメントリシン吹付け仕上げ

白色セメントを主材とする薄付け仕上げで耐候性、防火性、耐水性に優れ、古くから主に外壁に用いられている。廉価だが、白華現象や色むらに欠点がある。

吹付けタイル仕上げ

合成樹脂エマルションの複層模様吹付け仕上げ。多層の厚吹きで耐久性、耐汚性に優れた特質があり、仕上げが光沢のあるセラミックタイル風で外壁用に多い。

スタッコ仕上げ

厚吹きの表面に凹凸を付けスタッコ［stucco］状にした仕上げ。セメントを主材にしたセメントスタッコ、珪酸質ドロマイトのシリカスタッコ、合成樹脂を主材にした樹脂スタッコなどがある。

パーライト吹付け仕上げ

白色セメントにパーライト［pearlite］を骨材とした吹付け仕上げ。断熱性、吸音性、耐火性に富むが、耐水性に欠け剥離しやすい欠点があり、天井仕上げ用が中心である。骨材にひる石を用いたものをひる石仕上げといい、両者を合わせて**軽量骨材仕上げ**という。

第8章
照明器具

8.1 照明器具の種類

照明器具の配光別分類

照明器具をそのランプの配光の光束比で分類すると次のようになる。

- **直接照明**……ダウンライトや金属セードの器具に多く、下向き光束が90%以上のもの。効率はよいが天井が暗く、直射グレア（まぶしさ）が生じやすい。
- **全般拡散照明**……乳白色グローブや和紙のペンダントに多い。下向き光束が40～60%で、部屋全体は明るく均一な照度を得られる。
- **間接照明**……上向き光束が90%以上で、天井面からの反射光で全体に柔らかい光を得られるが、陰がなく立体感に欠けるイメージになりやすい。光源を隠したコーブ［cove］照明などはその例。

照明器具の照明機能別分類

- **全般照明**……部屋全体を平均的に照明する方式で、一般のオフィスに見られる蛍光灯によるシーリングライト（直付け灯）はその例。
- **局部照明**……作業や読書などで明るさを必要とするところを局部的に照明する方式で、**タスクライト［task light］**や**スポットライト**がその例。

照明器具の取付け位置・機種による分類

- **天井直付け型**……天井面に器具を直接取り付ける型式で、一般に**シーリングライト［ceiling light］**という。全般照明として蛍光灯の使用が多い。
- **吊下げ型**……コードやパイプで吊った**ペンダント［pendant］**と多灯用の**シャンデリア［chandelier］**がある。前者は軽量で食卓用など取付けは簡単だが、後者の多灯用で重量が5kgを超えるものは天井補強のうえ、アンカーボルトで支持することが必要になる。
- **天井埋込み型**……器具を天井裏に埋め込むもので、一般には**ダウンライト［down light］**と呼ばれている。断熱施工天井に使用する場合は、同用に開発された日本照明器具工業会「JIL規格」のS型（SG・SB型）で選定するとよい。
- **壁面取付け型**……壁面に直接取り付ける器具で、一般には**ブラケット［bracket］**といい、装飾を兼ねた間接照明が多い。
- **置型（スタンド）**……床やテーブルに置かれる器具。床に置くフロアースタンド、机上に置く卓上スタンド、卓子に置くテーブルランプなどで、多段階式や調光ができる**無段階スイッチ**を備えたものも多い。

建築化照明の種類

建築物の天井や壁の中に照明器具を内蔵し建築と一体化させた照明。代表的なものにコーブ照明、コーニス照明、バランス照明、ダウンライト照明などがある。

- **コーブ照明**……天井に接した壁面に光源を隠し天井面を照らして間接照明とする方式で、ドーム天井や折上げ天井に多用。
- **コーニス［conices］照明**……カーテンボックスや壁面の上部に設けた回り縁に光源を隠して、カーテンや壁面を効果的に演出する照明方式。
- **バランス［balance］照明**……窓の上部壁面に光源を隠した遮光板を設け、天井への間接照明とカーテンや壁面へのアクセント照明を同時に行う照明方式。
- **ルーバー［louver］天井照明**……天井面に光源を配灯し、格子状のアクリルルーバーで全体をカバーした光天井の一種。直下の作業面が明るく、グレアを感じさせない全般照明としてオフィスに多用されている。

ダウンライトの種類

天井埋込み型のダウンライトの選定においては、使用目的に合わせた配光制御機能をもつ器具を適切に選択することが大切である。

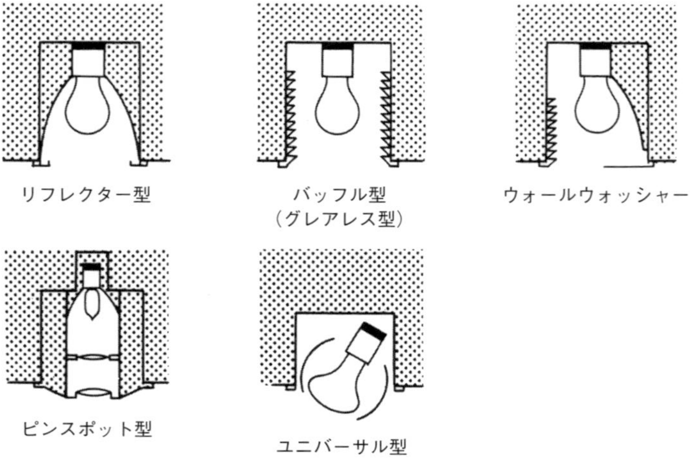

図8-1

- **リフレクター［reflector］型**……コーン（円錐）形の反射鏡を用いて光に方向性をもたせたもので、シングルコーンとダブルコーンの種類がある。
- **バッフル［baffle］型**……グレアの要因となる不要な光をカットする遮光物を器具に施したもので、**グレアレス［glareless］型**とも呼ばれる。

・ウォールウォッシャー［wall washer］型……壁面照射のため配光に方向性をもたせた器具で、バッフルに角度をもたせたものと、スプレットレンズ付きのPAR型（シールドビーム）ランプを用いたものがある。
・ピンスポット［pinspot］型……集光レンズを器具に備えたもので、アクセント照明に効果的なスポットライトとして利用できる。
・ユニバーサル［universal］型……照明角度を自由に調整できるスポットライト型の器具で、目玉のような形状でアイボール型と呼ばれるのは同型の例。

8.2 ランプの種類

ランプの光源

照明ランプの光源には、白熱ランプやハロゲンランプなどの熱放射によるもの、水銀ランプや蛍光ランプなどの放電発光によるもののほか、EL［electro luminescence］ランプなどの電界発光によるものがある。以下は代表的ランプとその特性である。

・白熱ランプ……フィラメントを加熱し、その熱放射で発光させる電球。演色性に優れているが、他のランプと比較すると効率が悪く、寿命が短いのが欠点。
・蛍光ランプ……放電による蛍光物質を発光するランプで、白熱ランプに比べランプ効率がよく寿命が長いことが特長。同ランプには効率本位の一般型のほか、演色性を改善した三波長域発光型や省エネルギー対応の高周波点灯専用型など種類も多い。
・HIDランプ……水銀ランプや高圧ナトリウム、メタルハライドランプなどの高輝度放電［high intensity discharge］ランプの総称で、同ランプは小型で長寿命、ランプ効率がよいなどが特長で、工場や道路、公園などの照明に多用。近年では低ワット化と演色性の改善が進んでいる。

白熱ランプの種類

・ホワイトボール……球形でボールランプともいい、白熱シリカの普通ランプより寿命が長く、ソフトな光色で住宅以外でも多用されている。
・シルバーボール……半球をアルミ蒸着加工した半反射型で間接照明向き。
・シャンデリア球……球状から水雷球ともいい、透明型と拡散型がある。
・リフレクターランプ……球頭部を除いて内部がアルミの反射鏡で、スポット効果があり、店舗、工場での投光用にも用いられている。
・ビームランプ……球頭部にレンズを用いて集光効果を高めたもので、PAR型ともいう。同ランプには熱線をカットしたものもある。
・ハロゲンランプ……石英ガラス球内にハロゲン物質を封入した電球で、小型で反射鏡と組み合わせてスポットライトに多用されている。

HIDランプの種類

- **水銀ランプ［mercury lamp］**……水銀の発光を利用したランプで、管内に蛍光体を塗布し演色性を改善した蛍光型や、安定器を用いないバラストレス型などがある。ランプ効率がよく寿命が長い特性から、道路や公園の投光照明として多用。低圧水銀灯は殺菌灯として知られている。
- **メタルハライドランプ［metal halide lamp］**……金属ハロゲン化合物を管内に添加した高圧水銀ランプで、演色性、ランプ効率ともきわめて高いのが特徴。とくに同ランプを小型化したコンパクトタイプが**HQI（オスラム社）ランプ**である。
- **ナトリウムランプ［natrium lamp］**……ナトリウムとアルゴンを封入した高輝度ランプで、HIDランプ中、もっとも効率がよい。白熱ランプに近い高演色型や単色光の低圧型のランプも開発されている。

キセノンランプと発光ダイオード

- **キセノンランプ［xenon lamp］**……キセノンガスの放電発光を利用。撮影用やサーチライトの光源ランプとして多用。昼光に近い自然な光色が特徴。
- **発光ダイオード［LED：light emitting diode］**……電圧を加えると発光するガリウム系の半導体を用いた超小型の高輝度発光ランプ。

蛍光ランプの種類

蛍光ランプを型状別に分けると、直管型（FL）、環型（FCL）を代表にしてほかにU字管（FUL）、電球型（G、T型）、**コンパクト型（FPL）**など多様である。ランプの光色特性で分けると、一般型のランプのほかに次のような種類がある。

- **三波長域発光型**……ランプ効率のよさに加え演色性を向上させた蛍光ランプで、青、緑、赤の三波長域を強く発色するのが特色。
- **高周波点灯専用型**……ランプの管径を細くした省電力型のランプ。
- **無電極放電型**……高周波で点灯させるランプで、ランプ寿命が2万時間以上と半永久的で効率がよく、調光も可能などの特徴がある。
- **電球型蛍光ランプ**……発光管に点灯回路をコンパクトに一体化し、一般白熱ランプと同じ口金のコンセントでの使用を可能にしたもの。

蛍光ランプの光色

蛍光ランプを光色別に分けると、その色温度や演色性から昼光色、昼白色、白色、温白色および電球色となり、それぞれに三波長域発光型と高演色型が開発されている。以下はその代表的な光色とその特性である。（　）内は記号。

- **昼光色（D）**……色温度5,700～7,100Kで、やや青みのある涼しい光色。事務所や工場など演色性を必要としないところに適している。
- **白色（W）**……色温度3,900～4,500Kで、やや黄みがある暖かい光色。住宅や店舗の全般照明として広範囲に使用されている。
- **電球色（L）**……色温度2,600～3,150Kで、白熱ランプに似たオレンジ味の暖かい光色。住宅だけでなく、演色性を必要とするホテルや店舗などに適した蛍光ランプとして近年開発されたもの。

蛍光灯の点灯方式-----

- **グロースタータ―式［glow starter］**……点灯させる際に点灯管（グローランプ）を使用するもので、蛍光ランプの放電まで数秒の間がある。
- **ラピッドスタート式［rapid start］**……点灯管がなく即時にランプが点灯する高電圧式で、ランプはFLR記号のものが使われる。同式には、グローランプの代わりにパルストランスを用いた電子スイッチ回路が使用され、高電圧のパルスを発生させる仕組みである。
- **インバータ式［inverter］**……インバータ（周波数変換装置）を用いて瞬時に点灯する省エネルギータイプの点灯方式。グローランプはバイメタル式で2～3秒要するが、同式はフィラメントの余熱回路により1秒以内で点灯する。高周波電流のため**フリッカー［flicker:ちらつき］**が少なく、同じ消費電力でも20%近く明るく感じる。

8.3 照明の単位・用語

照　度-----

lx：ルクス

光源によって照らされた面の明るさの度合い。光源の距離が2倍になると照らされる面の照度は1／4になる距離の逆2乗の法則がある。**照度（lx）＝光度（cd）／距離（m）^{2}**が計算式。一般の室内に必要な照度はJISにより規定があるが、高齢者の室内では、一般に比し2～3倍必要。

光束・光束発散度-----

lm：ルーメン・rlx：ラドルクス

可視光線の量を表す。白熱電球40Wで全光束は485ルーメン、蛍光ランプ40Wでは3,100ルーメンとなり、後者のほうが明るく感じる。1W当りの光束量をランプ効率といい、一般にワット数が高いほど同効率は高くなるが、器具から放射される光量の器具効率によって大きく左右される。単位面積当りに発散される光束量を光束発散量という。

光度・輝度-----

cd：カンデラ・nt：ニト

光の強さを**光度**といい、単位当りの輝きの度合いを**輝度**という。光量の多い蛍光ランプより同量が少ない白熱ランプをまぶしく感じるのは、後者の光源の発光面積が小さいからである。高輝度の光源は不快なグレアの原因となる。

色温度

K：ケルビン

光源の光色の違いを表す単位。同温度が高いほど光色は赤から白、青白と変化する。白熱電球の赤みの光色より、蛍光ランプの青みの光色のほうが色温度は高くなり、クールなイメージになる。一般の白熱電球は100Wで2,850K前後であるが、蛍光ランプの白色では約4,200K、昼光色では約6,500Kで、同温度は昼光色蛍光ランプがもっとも高い。

平均演色評価数

Ra：アールエー

色の見え方に及ぼす光源の性質、色が忠実に見える度合いを表す指数。最高値はRa100で白色塗装の白熱電球がもっとも高い。演色性は通常500lx以上の照度で評価することに注意のこと。

8.4 デザイナーズランプ

代表的照明器具

・PHランプ……1925年、パリ万国博でデンマークの建築家ポール・ヘニングセン［Poul Henningsen］により発表されたコードペンダント。PHシリーズの中でもとくに、PH-5は“光の黄金分割”と絶賛された。

・アカリ75-D……1952年、アメリカの日系二世のイサム・ノグチ［Isamu Noguchi］が日本の岐阜提灯をモチーフにデザインしたコードペンダント。

・AJランプ……1971年、デンマークの建築家アルネ・ヤコブセン［Arne Jacobsen］がデザインしたコードペンで、同ランプの原形は1960年に発表したもの。

・アルコ……1962年、イタリアの建築家アキレ・カスティリオーニ［Achille Castiglioni］がデザインしたフロアースタンド。同氏には、同年ビーム球を用いたスタンドのトイオやペンダントのフリスビー（1978年発表）などもある。

・シェードペン……1943年にデンマークのカール・クリント［Kaare Klint］がデザインした折笠型シェードのコードペン。

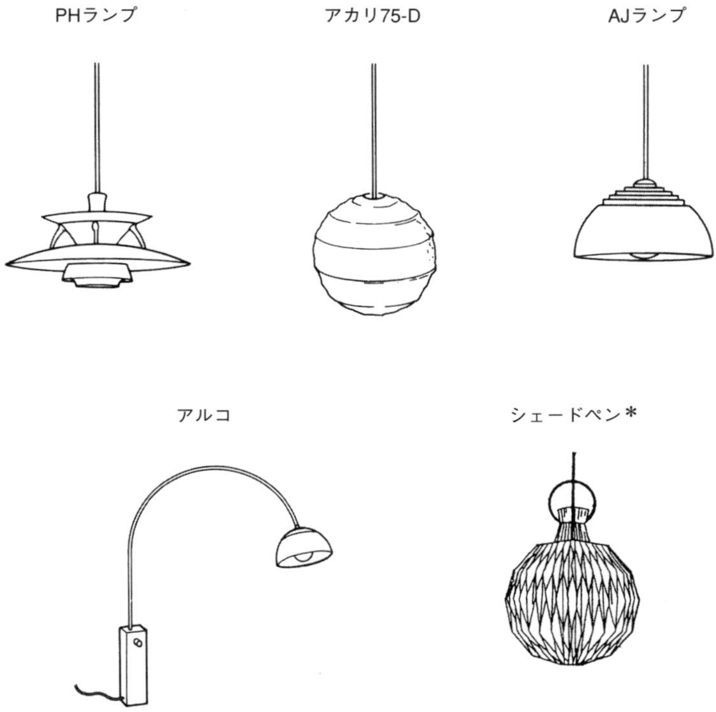

『インテリアコーディネーター小事典』日刊工業新聞社、
＊印：「第13回インテリアコーディネーター資格試験問題」より
図8-2

第9章 台所設備器具

9.1 キッチンの種類

キッチンのレイアウト

キッチンのレイアウトの基本形には、シンクや加熱調理機器、冷蔵庫などを1列に配置したI型と、シンクと加熱調理機器を対面に並列に配置したII型、L字型に配置したL型、コの字型に配置したU型がある。狭い独立型ではI型やII型が、ダイニングキッチンやオープン型のキッチンではL型やU型が多く採用されている。また、広いキッチンでは、壁から離れたところにシンクや加熱調理機器を独立して配置させたアイランド［island］型、ワークトップの端からテーブルやカウンターを突き出させて配置した半島状のペニンシュラ［peninsula］型と呼ばれる型式が採用されている。

・ワークトライアングル［work triangle］……シンク、加熱調理機器および冷蔵庫の各中心を頂点とする各辺の長さやその長さの合計値が、作業をするうえで人間工学的に良好な範囲であるかを判定することをいう。一般にシンクと調理機器間は120～180 cm、調理機器と冷蔵庫間は120～270 cm、冷蔵庫とシンク間は120～210 cm、各長さの合計値は360～660 cmを範囲にするとよいとされている。

セクショナルキッチン

sectional kitchen

従来のステンレス流し台や調理台、コンロ台などの単品を並列に設置して構成したキッチンをいう。JIS S 1005（家庭用炊事用具）では、1種（S型）キッチンという。同規格では奥行55 cmと同60 cm、高さは80 cmと85 cm（ただしコンロ台は62 cm以上）、間口は流し台で105～180 cmで15 cm倍数のモジュールを定めている。縦割り型式で、キッチンセットともいう。

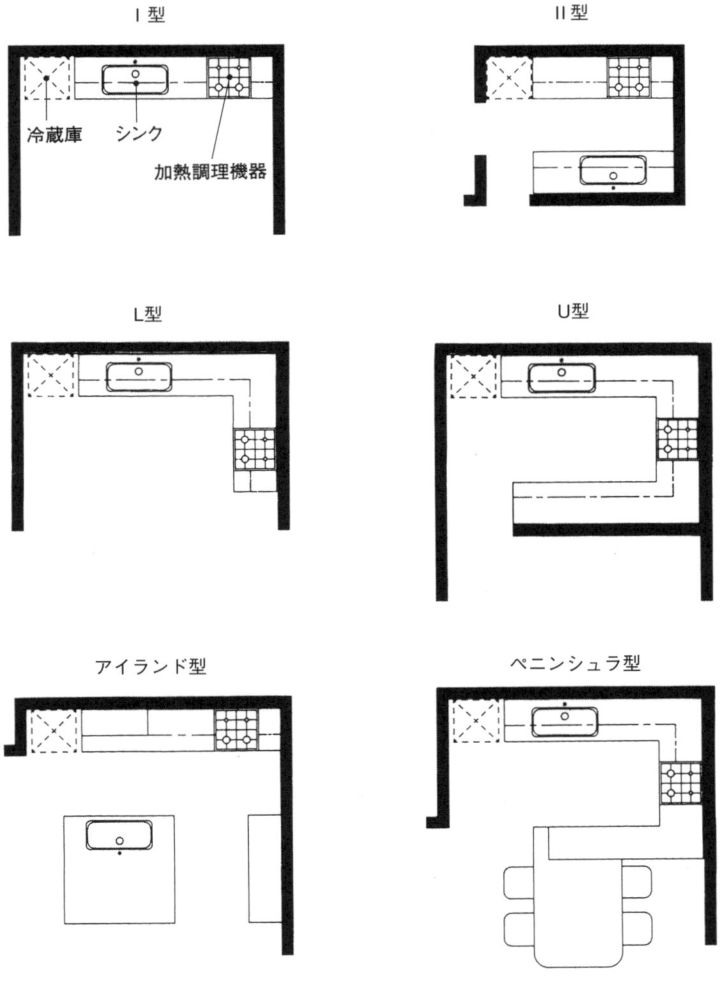

『インテリアコーディネーターハンドブック』インテリア産業協会より、一部加筆
図9-1

9.2 システムキッチン

調理作業に必要なキャビネットと機器を有機的に結合させたキッチン設備の総称で、外観的にワークトップ［worktop：甲板］が一連で各キャビネット間に隙間がなく、部材や機器の種類や寸法の選択の幅の広いものをいう。同キッチンには、**部材ユニット型の2種（H型）**と**簡易施工型の3種（M型）**の種類がある。

- **2種（H型）［horizontal］**……工場で製造された多種多様の部品・部材を設計や現場の条件に合わせて選択し、現場で組み合わせて一体化したキッチンとして完成させる輸入商品に多い**部材ユニット型**をいう。同型の多くはISO（国際標準化機構）規格やDIN（ドイツ工業）規格に基づいたモジュールで、寸法や仕様の種類が多く選択の幅が広く自由にレイアウトができる反面、他に比べて納期が長く施工に技術が必要で全体として高価格である。
- **3種（M型）［medial］**……前述の1種、2種以外のタイプで、セクショナルキッチンと部材ユニット型の長所を備えた中間型で、業界では**簡易施工型**ともいう。規格化された部材や寸法、設備の範囲で商品の選択を行うため、自在性では部材型に劣るが施工が容易で価格面でも手頃である点から、国産のシステムキッチンの主流になっている。

システムキッチンの部品・部材--

- **ワークトップ**……調理などの作業を行うカウンターのこと。L型やU型のワークトップではコーナー近辺で接合し、下台のキャビネットに乗せて甲板とする。メラミン化粧板、ステンレス、集成材、人造大理石など材質は多様。シンクをワークトップの上に取り付けるのを**オーバーカウンター**、同トップの下に取り付けるのを**アンダーカウンター**という。これらワークトップを切り抜いて落とし込み、取り付ける方法を**ドロップイン**と呼ぶ。
- **フロアーキャビネット［floor cabinet］**……ワークトップの下台になる床置きのキャビネット。キッチンのメイン収納部で、シンク用、機器用、コーナー用、ワゴン用など種類も多い。床置きのキャビネットの中で、ワークトップがない背高の収納庫を**トールキャビネット**という。
- **ウォールキャビネット［wall cabinet］**……壁面に取り付ける吊戸棚のこと。
- **調整部材**……キャビネットと壁面との隙間をふさぐ部材を**フィラー［filler］**といい、キャビネット類の側面を覆う化粧材を**サイドパネル**、天井とウォールキャビネットとの隙間をふさぐ化粧材を**幕板**という。

1種（S型：セクショナルキッチン）

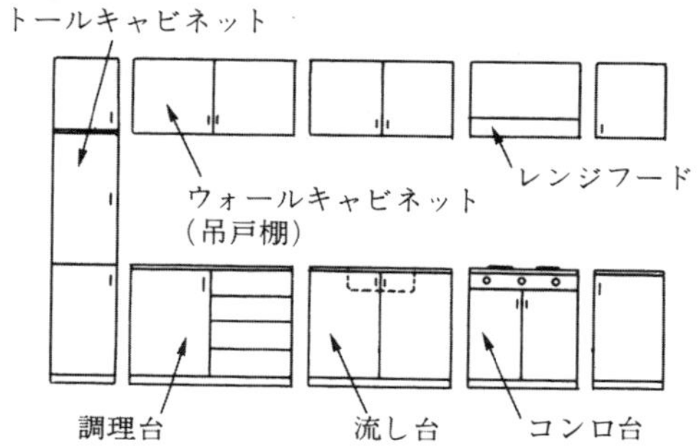

2種（H型：部材ユニット型）

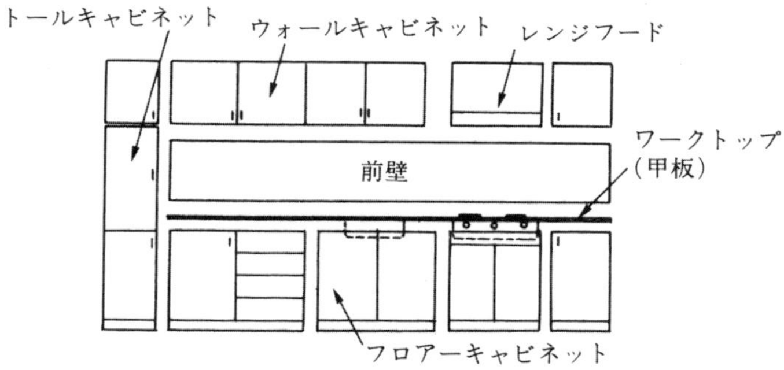

3種（M型：簡易施工型）

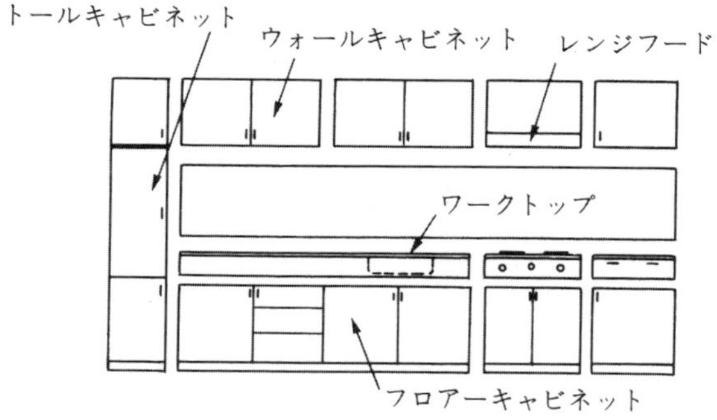

『インテリアコーディネーターハンドブック〔旧版〕』インテリア産業協会より

図9-2

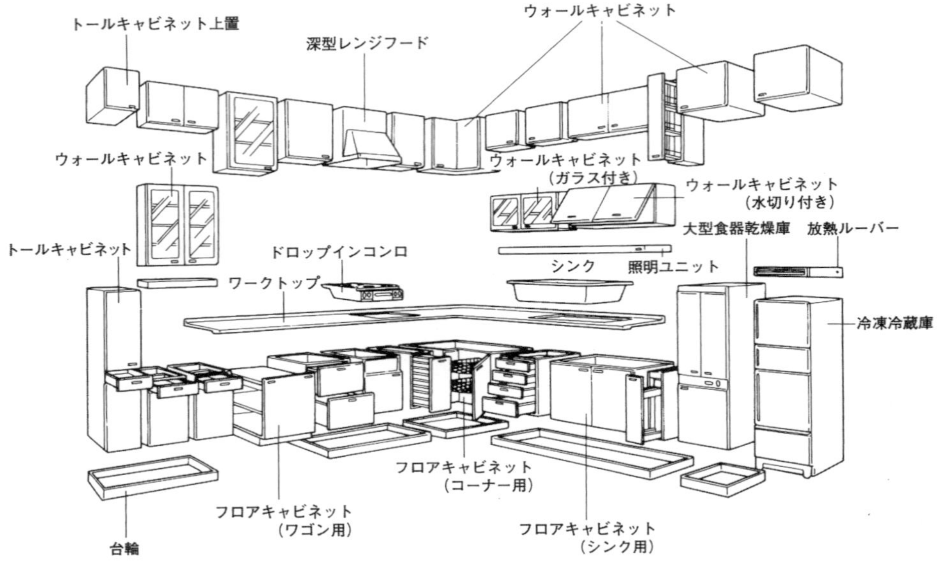

『インテリアコーディネーターハンドブック』インテリア産業協会より
図9-3

9.3 加熱調理機器

- **クッキングヒーター**……電気エネルギーをヒーター熱や電磁熱に変えて加熱する機器で**シーズヒーター式**、**ハロゲンヒーター式**、**電磁（IH）式**の3タイプがあり、いずれも燃焼時に空気を汚さず酸欠の心配がない。熱効率の面からは電磁式がよい。
- **ガステーブル**……ガスを熱源とするコンロを2～4口もち、魚を焼くグリル付きのものが一般的。火力は2,300kcal/hから6,000kcal/hのハイカロリーバーナーをもつ製品もある。
- **オーブンレンジ**……ガスを熱源としたガスオーブンレンジは**ガスコンベクションレンジ**ともいい、グリルの下段にセットすることが多い。近年ではマグネトロンから出る電波エネルギーで食品を加熱する電子レンジと、熱撹拌用のファンをもつガス高速レンジを一体化した**コンビネーションレンジ**も多くなってきた。

9.4 換 気 扇

調理時の煙やにおい、一酸化炭素などの排出に用いられる台所の換気扇には、フィルター装着型のほかにフードと一体化した**レンジフード型**、IHクッキングヒーター専用で煙の誘導流をもつ**IH用換気扇**などがある。近年では、給気不足を補う給気機能（自然・強制）をもつ製品や、少ない風量で油煙を捕集するバッフル板を設けた製品が開発されている。

9.5 その他の設備機器

生ゴミ処理機

生ゴミの処理機には、微生物のチップを混ぜてゴミを分解・減量させる**バイオ式**のものと、熱や温風で水を蒸発させてゴミを減量させる**電気乾燥式**のものがあり、処理後の生ゴミを有機肥料として利用できる。屋外設置型のほか、キッチン内部にビルトインできる屋内設置型も開発されている。

浄 水 器

水のカルキ臭である残留塩素やトリハロメタンなどを減少、除去するカトレッジを内蔵した機器で、蛇口直結型の小型から浄水量の多い据置き式や、ビルトインできる大型のものまで種類は多い。

食器洗い乾燥機

食器を自動的に水・湯の噴射で洗浄しヒーターで乾燥させる機器で、給湯･給水兼用型が多用されている。乾燥機をワークトップの上に置く卓上型と 、同 機 をワークトップの下にビルトインした床置き型がある。

第10章
住宅設備機器

10.1 洗面・バスルームの機器

洗濯機・乾燥機

洗濯機にはプロペラで水を噴流させる**噴流式**、ドラムを回転させる**ドラム（回転）式**、噴流式とドラム式の中間タイプの**撹拌式**がある。噴流式は日本で、ドラム式はヨーロッパで、撹拌式はアメリカで多く使用されている。

近年では、洗濯槽と脱水槽が別の2槽タイプから、給水・洗濯・脱水をすべて自動で行う全自動型1槽タイプが主流になっている。

乾燥機は、ドラムを回転させながら熱風で乾燥させる回転式乾燥機が中心だが、近年では洗濯から乾燥まで1槽で行う洗濯乾燥機も多くなってきた。

浴室換気暖房乾燥機

浴室を洗濯物の乾燥室として使用できるように開発されたもので、浴室の換気と暖房と温風乾燥を同時にできる。同機には**電気ヒーター式**のものと、ボイラーの湯を循環させる**ガス式**のものがある。

給 湯 器

直接湯を落とし込む給湯器と追い焚き付きの給湯器があり、設定した湯の温度や量を給湯する定温定量止水式の自動給湯タイプが普及している。給湯量は生活様式により差があるが、一般に1日1人当り75～150ℓ（温度60℃）とされている。瞬間式ガス給湯器などの号数で、10～32号は湯の使われ方により出湯量を測定しなければならない。近年では、省エネルギー効率を考えた深夜電力利用と、ヒートポンプを使った給湯器も開発されている（第23章重要課題、省エネルギー設備の項参照）。

10.2 衛生設備・排水設備

大便器の洗浄方式

・**洗出し洗浄方式**……汚物を一時ためて水洗の水勢によりトラップに洗い出す方式。

- **洗落とし洗浄方式**……汚物を留水部にためて水洗の流れ落ちる力で排出する方式。
- **サイホン［siphon］洗浄方式**……洗浄時のサイホン作用の吸引力で汚物を排出する方式。
- **サイホンジェット［siphon-jet］洗浄方式**……サイホン作用を強化し、強い吸引力で排出させる方式。
- **サイホンボルテックス［siphon vortex］洗浄方式**……サイホン作用に、渦巻き作用を付けて吸引排出の能力を高めたもの。洗浄水流に空気が混入しない**消音タイプ**。
- **ブローアウト［blow out］洗浄方式**……汚水を噴出する水圧で吹き飛ばして排水する方式。

洗出し洗浄方式

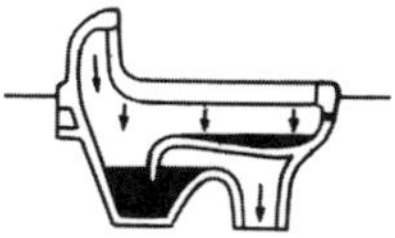

洗落とし洗浄方式（和風）

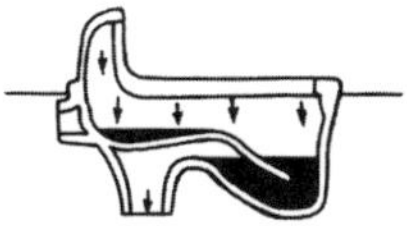

洗落とし洗浄方式（洋風）

サイホン洗浄方式

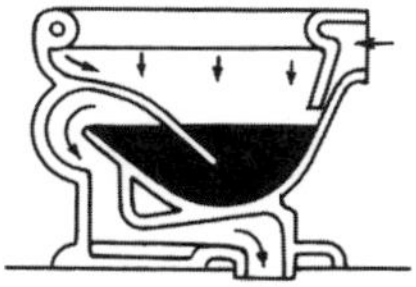

サイホンジェット洗浄方式（洋風）

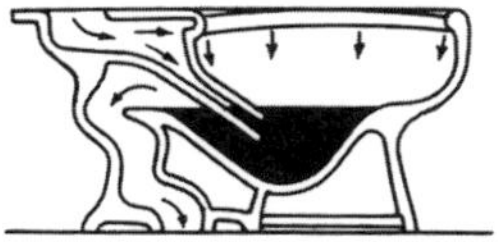

サイホンゼット洗浄方式（和風）

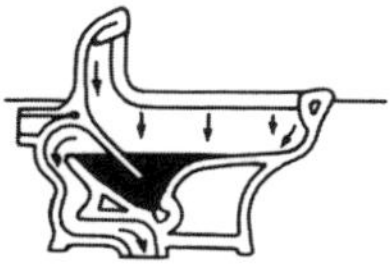

ブローアウト洗浄方式

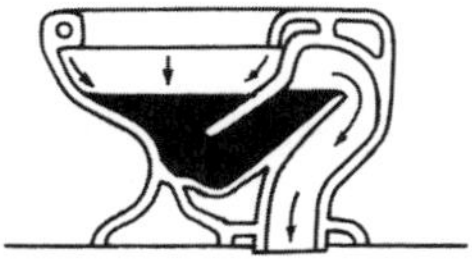

『インテリアコーディネーター小事典』日刊工業新聞社より
図10-1

フラッシュ弁式--

flush valve

水道の給水管から直接便器に給水し、水圧をそのまま利用して排水させる方式。バルブを作動させると一定量を吐水し自動的に閉じる構造で、連続使用できる特徴がある。水圧が70kPa以上、給水管の太さ25mm以上が必要なため、独自の給水設備をもつビル建物での使用が中心で、一般住宅向きではない。

シスタン弁式--

cistern valve

洗浄水をいったんタンクにためて高低差、またはサイホン作用の水圧で流す方式。タンクの水は満水になると、**ボールタップ［balltap］**により自動的に弁が閉まる構造になっている。シスタンを高い位置に設置する**ハイタンク式**と、低い位置に設置して手洗いを兼ねた**ロータンク式**がある。

トラップ--

trap

排水管や下水管からの悪臭が室内に逆流するのを防ぐため、管内に水をため空気の流通を断つ**封水［water seal］**を設けた排水管。以下はその代表的な種類。

- **Sトラップ**……S字型の一般的なトラップで洗面器や大小便器に多用。
- **Pトラップ**……P字型のトラップで壁面内の排水管に導く器具に使う。
- **Uトラップ**……横引管の途中に設置するもので封水破壊しやすい欠点がある。
- **ワントラップ**……床排水用の簡易型。封水の安定が悪い欠点がある。
- **ドラムトラップ**……大量排水用で厨房用の**グリストラップ**、美容院の洗髪排水用に使うヘアトラップなどの種類がある。

『インテリアコーディネーター小事典』日刊工業新聞社より
図10-2

10.3 電気設備

受配電設備

戸建て住宅などの小規模な建物の受電方式には、もっとも一般的な100V単相2線式のほかに、200V用の機器を使える200V単相2線式、病院や店舗などやや負荷の大きいところに用いる100／200V単相3線式などがある。

・**100V単相2線式**……単相交流電力を2本の電路で配電する100V電圧専用の回路。契約容量最大30A（アンペア）までの一般家庭用。

・**100／200V単相3線式**……単相交流電力を2本の電路、1本の接地した中性線の3本の電路で配電する回路。電圧線間は200V、電圧線と中性線間は100Vと二つの電圧を利用できるため、200Vのレンジやルームクーラーなどを用いる一般家庭でも多用されている。

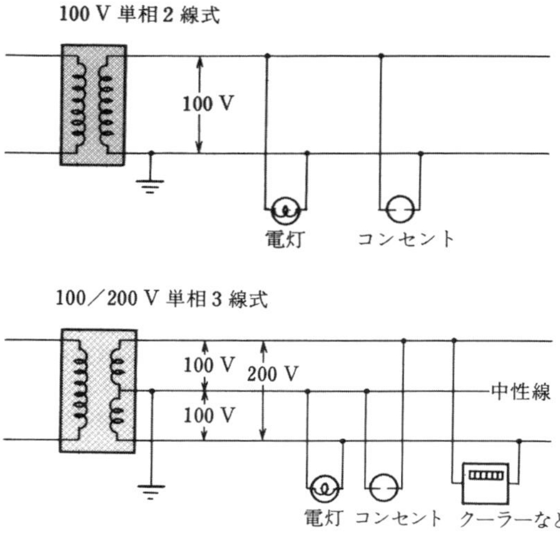

『インテリアコーディネーターハンドブック』インテリア産業協会より
図10-3

・**分電盤**……建物に受電した電流を分配するためのもので、電流制限器、漏電遮断器などを1箇所にまとめた電気回路制御盤。1系統の電流は通常15Aであるが、近年では20Aのブレーカーを使用しているため最大20Aまで使用できる。

・**電気容量**……使用電流Aは消費電力W÷電圧Vで計算する。100V電圧でエアコンの消費電力が1,500Wであれば電流は15Aとなり、15Aを限度とする分岐回路ではほかの家電機器を使用すると、ブレーカーが降りて電流が遮断される。

・**室内配線**……配線工事用のビニル被覆電線（Fケーブル）がもっとも多く使用され、1系統の電流は一般に15A、コンセント容量は6Aである。

10.4 給水設備

水道直結方式---

水道管と給水栓を直結する方式。上水道の圧力で個別の給水栓へ給水する一般家庭にもっとも多い方式であるが、高台などで圧力不足の場合、水の出が悪くなることがある。

高架タンク方式--

受水層に受水した上水をポンプで屋上に設けた高架タンクに揚水し、落差の水圧で各戸に給水する方式。中高層の建築物に多用。**高架水槽方式**ともいう。

圧力タンク方式--

受水層の水を圧力タンクに入れ加圧して高所に押し上げる方式で、高架タンクを必要としない利点がある。小規模のビルを中心に、水圧の低い一般の住宅にも利用されている。

タンクレス方式--

受水層の水をポンプで加圧し各戸に給水する方式。高層建築物では、水圧を一定に維持するための給水圧力や流量の制御装置と、いくつかの階ごとに給水ポンプが必要になる。

クロスコネクション---

上水道の配管と排水管や雨水配管など、ほかの配管を誤って直結すること。上水に汚水が混入し水質汚染の原因になる。

吐水口空間---

給水管内が負圧になっても、ほかから汚水が逆流しないように給水栓とたまり水の水平との間に間隔をとること。水栓金具（蛇口）の吐水口と水受けのシンクとの間を十分に離すのはその例である。

ウォーターハンマー---

給排水管内の流水が急停したときの圧力波による管の振動衝撃音のこと。近年では、消音用チャンバー［chamber］や、ベローズ型の防止器具の利用で少なくなった。

10.5 冷暖房・エアコン設備

セントラル暖房

central heating

建物内の1箇所に設けたボイラーで集中的に熱源を用い、そこから各室に温風、温水、蒸気などを送って暖房する方式で、**中央暖房方式**ともいう。

パネルヒーティング

panel heating

天井、壁、床に温水パイプや電熱コイルを埋め込んで、その低温輻射熱（放射熱）によって室内を暖房する方式で、**放射暖房**ともいう。とくに、床構造に熱源を組み込んだものが床暖房である。この方式は放熱器による対流暖房に比べて室内の温度分布が均一になり、室温が低くても暖かく感じる利点がある。

対流暖房

室内に設けた加熱器で空気を暖め、空気の自然対流で全体を暖める方式。

蒸気暖房

中央のボイラーで発生させた蒸気をパイプで各室に送り、室内の放熱器で凝縮させ潜熱を放出させて空気を暖める中央暖房方式の一つ。熱効率はよいが放熱量の調節が難しい欠点がある。

温水暖房

中央のボイラーでつくった温水をパイプで各室のコンベクターに送り、その放熱で室内を暖房する中央暖房方式の一つ。近年では高温水暖房が多くなった。

温風暖房

中央の温風炉で加熱した空気をダクト（風道）で各室に導き、吹出し口から温風を送って暖房する中央暖房方式の一つ。室内の空気を循環させる際にフィルターで浄化したり、加湿することができるのが特徴である。

放熱器の種類

- コンベクター［convector］……温水利用の暖房用対流放熱器。とくに、近年は強制対流ファンを内蔵した**ファンコンベクター**が主流である。
- ラジエター［radiator］……温水・蒸気利用の放熱器。壁面に鋳鉄製のパネルを露出させ、対流と輻射により暖房を行う**パネルヒーター**［panel heater］のこと。
- ファンコイルユニット［fan coil unit］……強制対流式冷暖房機用パッケージ。パッケージ内に室内空気を吸い込み、冷温水コイルで熱交換を行うが、換気や温度調節の機能がないのが欠点。

- **床暖房パネル**……床面に電熱コイルまたは面状発熱体を内蔵させた電気式または温水式の放射熱利用の暖房機。熱効率がよく、室内の上下温度差が小さいのが特徴。

クーラー

cooler

圧縮機で冷媒（フレオンガス）を圧縮して高温にし、凝縮器（コンデンサー）で空気を利用し冷媒の温度を下げて液化させ、急激に噴出し気化させるとき周囲から蒸発熱を奪う。この冷えた空気を室内に放出するのがクーラーの原理である。このとき空気中の水蒸気の一部が露点以下になり、管に凝結して水となり取り除かれるため、室内の除湿にも効果がある。

- **冷房方式**……部屋ごとにクーラー機器を設置する**個別冷房**と、中央に置いた冷凍機で冷風または冷水をダクトまたはパイプで各部屋に送る**中央冷房**の方式がある。とくに後者の冷風式は、冬期には温風に切り替えたり吸排気が可能で、空気調和（空調）設備として大型ビルの建設時に設置されている。冷水式は各部屋に置かれたファンコイルユニットで操作するもので、暖房兼用型が普通である。
- **ルームクーラー［room cooler］**……個別冷房機器には、圧縮機と凝縮器を冷却器にまとめて一体型にした**ウィンド型**と、同機器を室外に冷却器を室内に分離して設置する**スプリット［split］型**のいわゆる**セパレート型**がある。とくに、一体型の中で凝縮管を冷却するのに水道水を用いる大型の床置き式を**パッケージ型**という。

ヒートポンプ

heat pump

冷媒が気化する際に周囲から熱を奪い、気体から液化する際に周囲に熱を放出する性質を利用して、冷凍機で熱をくみ上げる熱源機器。蒸発管の温度は低く、凝縮管の温度は高くなるので、蒸発管の周囲の空気温度が凝縮管のそれより低くても、熱は低温側から高温側に運ばれることになり、冷房している低温側の部屋から熱を吸収し高温側へ放出する冷房機器に、冬期には冷媒を冷房時の逆周りに循環させることで暖房機器になるわけである。近年では圧縮機の周波数をインバータ（周波数変換装置）で変換し、自動的に能力を調整する**インバータ・エアコン［inverter air conditioner］**がその主流になっている。

エアコンディショニング

air conditioning

温度、湿度、換気、空気浄化などの空気調節またはその設備のことで、一般に空調またはエアコンと略称する。その方式には加熱・冷却装置を1箇所に集めた**中央（熱源）方式**と、部屋ごとに空調機をパッケージして分散した**分散熱源方式**がある。

表10-1

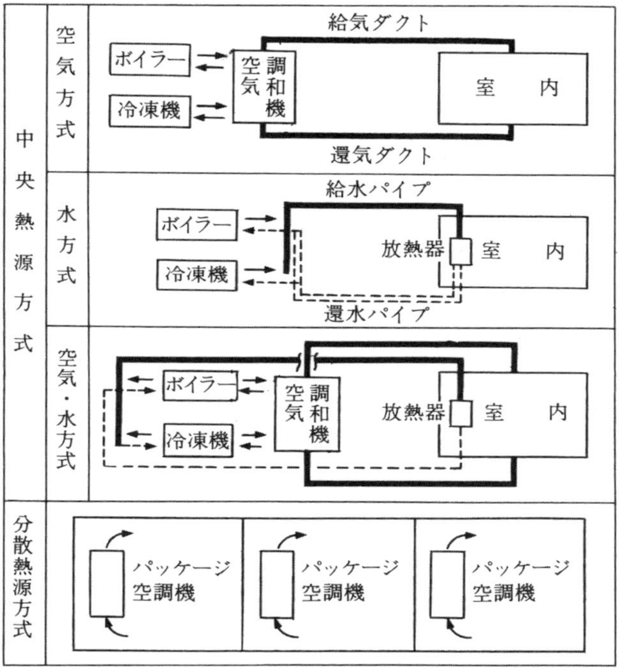

『インテリアコーディネーターハンドブック』（技術編）インテリア産業協会より、一部加筆

10.6 ガス機器の燃焼方式

ガス機器の燃焼方式は、空気の吸排気の方法により開放燃焼型、半密閉燃焼型、密閉燃焼型に分けられる。

- **開放燃焼型**……炊飯器やストーブ、オーブンなどで室内の空気を燃焼し、その廃気を室内に放出する型式のものをいう。
- **半密閉燃焼型**……室内の空気を燃焼して廃気を室外に放出する型式で、自然排気式のCF［conventional flue］型と強制排気式のFE［forced exhaust］型がある。
- **密閉燃焼型**……外気から燃焼空気を取り入れて廃気を排気筒で室外に排出する型式で、自然給排気を利用するBF［balanced flue］型、強制給排気設備を行うFF［forced draught balanced flue］型、RF［rooftop flue］型がある。屋外に吸排気設備を設置するRF型は**屋外燃焼排気型**ともいう。

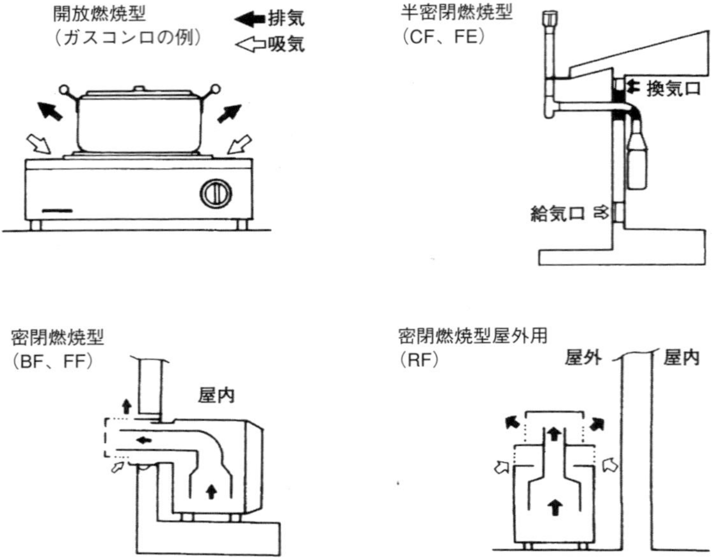

『インテリアコーディネーターハンドブック』（技術編）インテリア産業協会より
図10-4 ガス機器の燃焼方式

10.7 換気設備

自然換気（設備）

温度差を利用した自然換気では、排気口に適当な排気筒を用いると効果的である。建築基準法では、居室は換気に有効な窓その他の開口部の面積を床面積の1／20以上と規定、自然換気では**給気口は天井高の1／2以下、排気口は天井面より80 cm以下**の場所に設けるように定めている。

機械換気（設備）

換気扇や送風機により強制的に換気を行うもので、強制換気ともいう。以下はその代表的な方式の概要である。

- **第1種換気（設備）**……給気送風機と排気送風機を設置したもっとも完全な換気方式で、建物全体を一つの換気設備でコントロールする**中央換起方式**に使用。
- **第2種換気（設備）**……給気のみに送風機を設置し、浄化した空気を供給する方式で、室内に汚染空気が入らないため手術室などに用いる。

・第3種換気（設備）……排気のみに送風機を設置し、室内の汚染空気を強制的に排出する方式で、室内の汚染空気がほかに漏れることがないため、台所や便所、浴室などに多用されている。

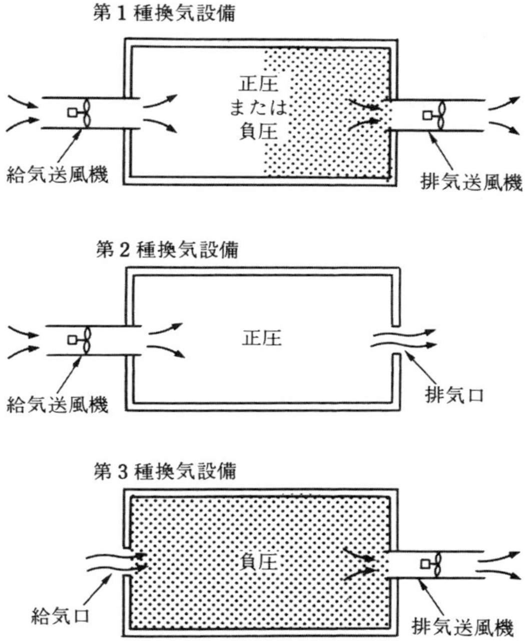

『図解インテリア用語辞典』井上書院より、一部加筆
図10-5 代表的な機械換気方式

送風機の種類--

・プロペラファン［propeller fan］……台所、便所などに多用されているプロペラ式の換気扇で、軸流ファンともいう。風量は大きいが圧力が低いため、壁に孔を設けて直接取り付けることが多い。
・ターボファン［turbo fan］……板状の羽根を後方に曲げた遠心力応用のファンで、静圧が大きく高速ダクト方式に適している。
・シロッコファン［sirocco fan］……前方に曲げた羽根を用いた遠心力応用のファンで、静圧が高く、空調機器に多く使用されている。

第11章
造作・建具

11.1 窓製品

・オーニング［awning］……下部を外側に突き出せる窓で、**突出し窓**とか張出し窓ともいう。通風や換気に便利だが、防犯上の格子を付けられない。
・ケースメント［casement］……欧米のもっとも一般的な**開き窓**で、1枚のガラス戸が片開きで外側または内側に開く形式をいう。両開きを含めていう場合もある。
・ジャロジー［jalousie］……水平のガラスルーバーをハンドル操作で開閉、角度調節できるもので、浴室や洗面所などの通風、換気が必要な場所に使用されている。

オーニング

ジャロジー

ベイウィンド

ハングウィンド

ドーマーウィンド

「第4回インテリアコーディネーター資格試験問題」より
図11-1

・ベイウィンド［bay window］……角度をもって壁面から突き出た出窓で、とくに底面が台形をなすもので、**張出し窓**ともいう。
・ハングウィンド［hang window］……上部FIXで下部スライド型の窓をいう。スライド型には上下に動く型や上下がバランスして動く型もある。
・ボウウィンド［bow window］……張出し窓で底面が弓形に湾曲した形状のものをいう。
・ルーフウィンド［roof window］……屋根の傾斜に沿って取り付けた**天窓**（トップライト）のこと。
・ドーマーウィンド［dormer window］……屋根の傾斜部分につくられた小屋根付きの窓で、屋根裏部屋の採光用として設けられることが多い。

11.2 戸建具

・**框**(かまち)　**戸**……戸の構造枠組みや桟を化粧した框材とし鏡板を入れたもの。重厚感や耐久性が求められる住宅の玄関ドアに多用。近年では戸の取付け枠を含めて既製品化されている。
・**フラッシュ戸**……枠組みの両面から化粧合板を張って一体にしたドアで、軽量で仕上げが自由なため内装用ドアの主流になっている。ドアの芯材にはハニカムコアやロールコアなどが用いられている。
・**格子戸**……和風の引建て戸で縦格子と横格子がある。とくにガラス張りで2本の縦格子組みのものは**吹寄せ格子**と呼ばれている。
・**舞良**(まいら)**戸**……板の前面に桟を入れた板戸で、桟を舞良といい、桟の方向により横舞戸、縦舞良戸と区別する。

11.3 障子・襖

・**腰付障子**……障子の下部に襖や鏡板をはめ込んで腰板にした障子。
・**雪見障子**……採光や眺望を目的に、腰部と紙張りの中間にガラス板をハメ殺したもの。とくにガラス板部分に上下できる小障子を設けたものを**猫間**(ねこま)**障子**という。
・**水腰障子**……腰部を付けずに下桟の見付を大きくしたもので、下桟の近くの横組子を繁にする意匠が多い。とくに、横方向に組子を多くしたものを**横繁障子**、縦方向に多くしたものを**縦繁障子**という。また横組子の上辺を傾斜させたものを**ちり返し障子**と呼ぶ。
・**和　襖**……組子の両面に鳥の子紙などの襖紙を張ったもので、和室の間仕切りや押入戸の戸に使用。とくに襖縁を付けないものを**太鼓張り襖**という。

・戸　　襖……和室と洋間や廊下との仕切りに使う襖で、片面が和襖で片面が合板下地の壁紙張りにしたものをいう。

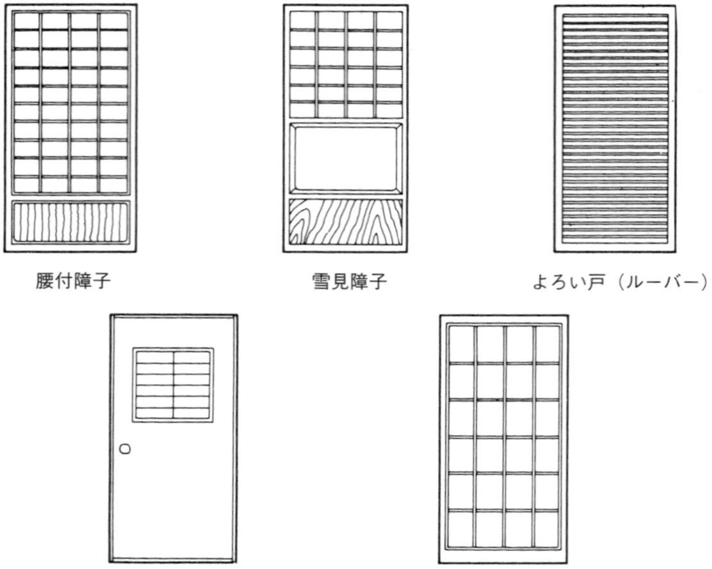

『インテリアコーディネーター小事典』日刊工業新聞社より
図11-2

11.4 建具金物

錠の種類

・シリンダーケースロック［cylinder case lock］……デッドボルト（本締り）とラッチボルト（仮締り）をケース（錠箱）に内蔵したもので、ケースをドアの内側に取り付ける面付け型は安全性が高く、外開きの玄関ドアに適している。

・モノロック［mono lock］……デッドボルトがなく、シリンダーをノブに内蔵したものでシリンドリカルロックとか**円筒錠**と呼ばれる室内用の錠のこと。

・ラッチボルトロック［latch bolt lock］……空締り機構のみの空締り錠で、**空錠**ともいう。浴室やトイレなど本締りを必要としないところに使用する。

・引違い戸錠……和風の引違い戸用の錠で、框枠に鎌や閂（かんぬき）で施錠するもの。

・新識別ロック……シリンダーに代わり新しい鎖錠機構をもつ錠で、磁気カードやパンチカードなどを使う**カードロック**や暗証番号入力方式の**テンキー［tenkey］ロック**などがある。

錠のキーシステム

- CKシステム……すべての鍵が特定の錠前だけにしか施解錠できないもの。
- MKシステム……特定の鍵ですべての錠前を施解錠できる**マスターキーシステム**をいう。とくに、それぞれ異なったマスターキーシステムを備えた複数グループの錠前を、別の1本のキーで施解錠できるシステムをGMK（グランドマスターキー）システムという。
- RMKシステム……特定の錠前だけはどんなキーでも施解錠できる**逆マスターキーシステム**をいい、集合住宅の共同出入口に多用されている。
- CNKシステム……工事期間中だけ使用でき、完了引渡し後はシリンダーを取り替えることなく無効になる施解錠システムで、**コンストラクションキーシステム**という。

錠各部の名称

デッドボルトは本錠、ラッチボルトは空（仮）錠、ノブは空錠の操作を行う取手のことをいう。

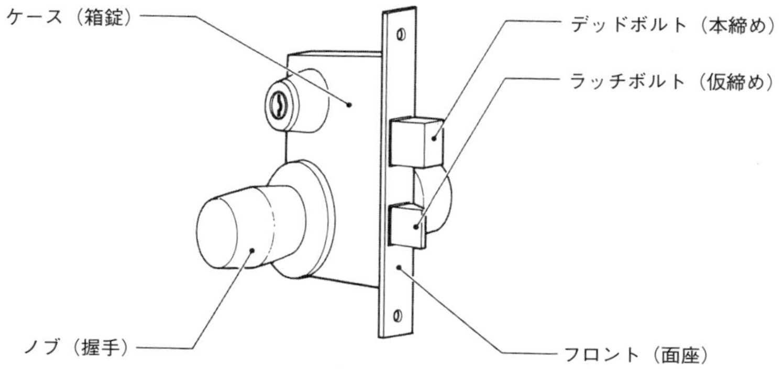

図11-3 モノロックの名称

その他の建具金物

- ドアクローザー［DC：door closer］……扉の自動閉鎖金物でドアチェックともいう。スプリングの反発力とオイルダンパーによる速度調節機構をもつもので、ドアを押す側に取り付ける**パラレル型**と引く側に取り付ける標準型、ドアの上部に埋め込む**コンシールド型**など多種。

・**ドアヒンジ［DH：door hinge］**……ドアの軸吊り金具。ドアの吊り元上下端に取り付ける**ピボットヒンジ**と、床面にスプリングとオイルダンパーを埋め込む**フロアーヒンジ**、ドア内部に自動閉鎖機構を付けた**オートドアヒンジ**などがある。
・**ノブ、レバーハンドル［knob、lever handle］**……握り玉形状の取手をノブといい、その多くは空締りを解く機構を内蔵している。梃子式の取手のレバーハンドルは、握力の弱い高齢者でも操作しやすい。
・**クレセント［crescent］**……引違い戸（サッシ）の召し合わせ部分に取り付ける締め金具。図は施錠できるプッシュタイプ。
・**半回転引手**……引込み戸を引き出しやすくするための彫込み引手。
・**鎌　　錠**……引戸用の錠前で図はシリンダー錠付き。

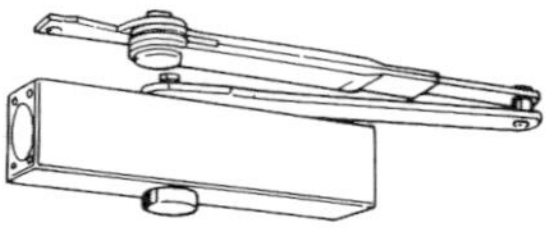
ドアクローザー

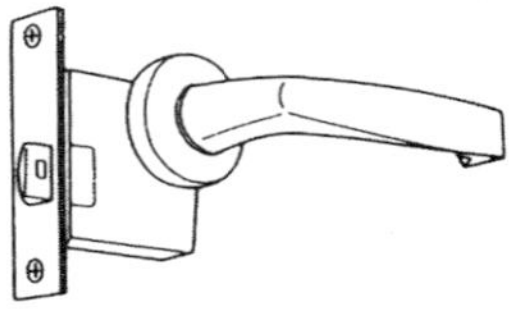
レバーハンドル

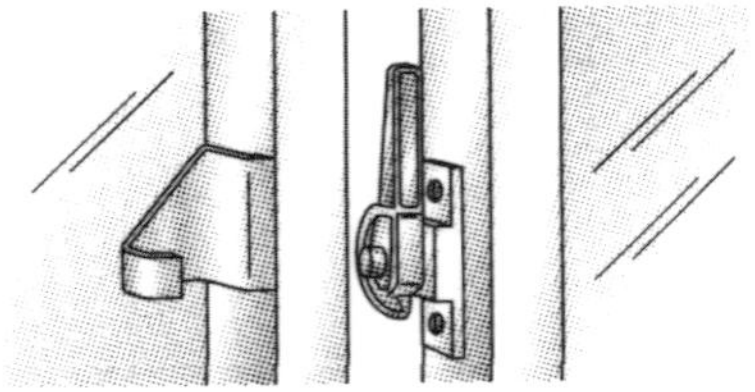
クレセント

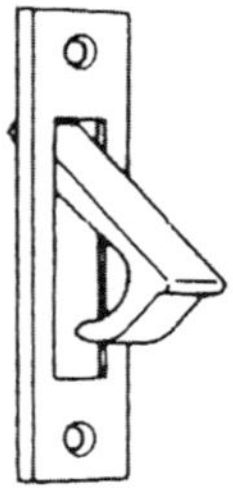
半回転引手

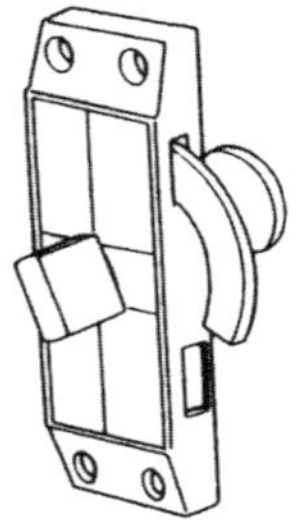
鎌　　錠

「第7回、第15回インテリアコーディネーター資格試験問題」より
図11-4

11.5 板ガラス

透明フロート板ガラス

フロートバス方式で製造された透明度に優れた板ガラスで、厚みは2～19mmまで約10種類。窓やウィンドのほか、二次加工の素板としての使用が多い。

型板ガラス

板ガラス片面に型模様をロール転写し透視性に変化を付けたもので、窓、間仕切り、建具などに多用されている。

網入り・線入り板ガラス--

飛散防止や延焼防止のために、ガラス内部に金属網や金属線を入れた板ガラス。トップライトや乙種防火サッシと組み合わせて、防火戸として多用されている。

熱線吸収板ガラス--

板ガラスにニッケルやコバルト、鉄などを加え輻射熱を吸収できる機能を付加した省エネ用板ガラスで、窓ガラスのほか、間仕切り用にも使われている。

熱線反射ガラス--

透明フロートガラスに金属酸化膜を焼き付けて、太陽光の放射エネルギーを反射する機能を付加した省エネガラスで、カーテンウォール構法の高層ビルのミラーガラスとして多用されている。

複層ガラス--

2枚の板ガラスの間に、乾燥空気を入れて密封した断熱用ガラス。断熱サッシと組み合わせて、寒冷地の建物や空調設備のある建物に多用。結露防止にもよい。

合わせガラス--

2枚の板ガラスの間に、樹脂フィルムをはさんで張り合わせた飛散防止ガラス。防犯用に開発されたものを防犯合わせガラスという。

強化ガラス--

板ガラスを高温（約600℃）で加熱し風冷製板したもので、フロート板ガラスの3～6倍の耐衝撃性と耐熱性がある。破損しても粒状になるため、各種のドアやフロントガラスに使用されているが、後加工ができない欠点がある。

特殊反射ガラス--

視線コントロールガラスには、電圧で合わせガラス間の液晶配列を変えて視野を変える**調光ガラス**や**視野選択ガラス**、コーティング加工で反射を抑えた低反射ガラス、ガラス表面を化学処理してまぶしさをなくした**ノングレアガラス**、板ガラスのグリーン系の固有色を取り除いた**高透過ガラス**、特殊金属膜をコーティングして電磁波を遮断する**電磁遮蔽ガラス**など、その種類は多い。

11.6 鏡・装飾ガラス

鏡（ミラー）

mirror

透明フロートガラスの裏面に銀メッキで反射面をつくり、保護のため銅メッキや焼付け塗装を施したクリアミラー、アルミなどの金属を蒸着させたハーフミラー、エッチングやシルクスクリーン印刷で装飾したパターンミラーなどの種類がある。とくに裏面に有機塗料などを施したものを**カラーガラス**という。

結晶化ガラス

crystallized glass

集積法という特殊製法でガラス内部に結晶を析出させてつくった不透明ガラスで、花崗岩より優れた耐候性がありビルの外装材にも使用されている。

ステンドグラス

stained glass

ガラスピースに無機塗料で絵を焼き付けて鉛のジョイナーで組み合わせたものと、色ガラスのピースを組み合わせてパネルにしたものがあり、いずれも補強のために外側に透明の板ガラスを入れて使用されている。

エッチンググラス

etching glass

板ガラスに研磨剤を吹き付ける**サンドブラスト［sandblast］加工**を施して、レリーフ状の彫刻やパターンを付けた装飾ガラスをいう。

ガラスブロック

glass block

内部を空洞にしたガラス成型品。断熱性と防音性に優れた建材として、建物の外壁や間仕切りに多用されている。

タペストリー加工

tapestry manufactured

ガラスの片面をサンドブラストで均一に艶を消し、フッ化水素で滑らかにするもので、**フロスト加工**ともいう。同加工した単板が**フロストグラス**である。

第12章 オーナメント

12.1 ホームリネン

実用性のある布製品の総称。寝装品を中心とするスリーピングリネン、食卓に用いるテーブルリネン、浴室回りで使うバスリネンなどに大別できる。

スリーピングリネン
sleeping linen

シーツやピロケース（枕カバー）、コンフォーターケース（布団カバー）などの寝装品の総称。ベッドメーキングでは一般にベッドパット（薄布団）、マットレスカバー（アンダーシーツ）、アッパーシーツ、毛布（ブランケット）、スプレッド（ベッドカバー）の順にセットする。

近年、布団の中綿にアヒル（ダック）やガチョウ（グース）などの水鳥の羽毛（うもう）を使うことが多くなった。とくにフェザー（羽根（はね））よりダウン（綿毛）が多く50％以上で軽量なものを**羽毛（うもう）布団**、50％未満のものを**羽根（はね）布団**という。

テーブルリネン
table linen

ダイニングテーブルや卓子類に用いるクロスやマットの総称。食器やカトラリー（ナイフ、フォーク類）使用時のキズや音を防ぐための**テーブルクロス**にはアンダークロス、フルクロス、トップクロスなどがある。汚れを防ぎ、手や口を拭く**ナプキン**には50×50 cmのディナー用を基本に、ランチ用、ティー用と寸法も多様である。1人分の食器をセットする**プレイスマット**にはディナーマット、ランチョンマット、ティーマットの種類がある。

バスリネン
bath linen

浴室回りで用いるタオル、バスマット、バスローブなどの総称。同リネンには吸水・保水性や肌触りのよい綿が使用されているが、収縮が少なく乾きの早いポリエステルや麻の混紡も多い。**タオル**には、浴室内で用いるウェットユース、身体を拭くためのドライユースの各タイプ、手や顔を拭くフェイスタオルなど、用途別に種類も多い。

12.2 漆　　器

津軽塗（弘前地方）

17世紀後半の唐塗を基礎として発達、ヒバを主な素地とした座卓や茶器、椀などの日用漆器が中心。色漆を斑紋状に重ね塗り後に研磨して模様を出す技法に特色がある。

飛騨春慶塗（飛騨高山地方）

17世紀初め、飛騨高山地方の日用漆器に始まる技法。木地に加飾を施さず木理の持ち味を生かし、透漆（すきうるし）の塗り放しで仕上げる素朴で飽きのこない風合いが特色。

輪島塗（石川県輪島地方）

起源は11世紀初期。ヒバやケヤキ、カツラを木地に地の粉を用いた堅牢な下地に特徴がある。漆塗は沈金、蒔絵が多く重厚で優美な仕上げである。

京塗（京都府）

9世紀、平安時代に発生し茶道の興隆とともに発達。ヒノキやスギを木地とし、茶道具から食器、家具調度品まで生産する。金銀蒔絵の優雅な仕上げに特色がある。

木曾漆器（長野県）

17世紀初期に起源、ヒノキやカツラを木地とした日用漆器が中心。木肌を生かして漆を摺り込む春慶塗や斑模様の変わり塗、異色の漆で塗り分ける**呂色塗**（ろいろぬり）が特色。

若狭塗（福井県）

江戸時代初期が起源。卵殻、貝殻、松葉の模様を施した**変わり塗**の技法に特徴がある。とくに同塗による若狭箸はよく知られている。

讃岐塗（香川県）

19世紀初頭の天保年間、**玉楮象谷**（たまかじぞうこく）により開発された**キンマ塗**で、漆塗の上から文様を線彫りし彫跡に色漆を象嵌する技法。香川漆器の代表的漆塗の一つ。

会津塗（福島県）

16世紀後半に起源。上塗の花塗や植物の実や種子を用いた金虫喰塗が特色。

高岡漆器（富山県）

18世紀中頃に産地形成。堆朱（たいしゅ）、存清（ぞんせい）の漆塗をもとに貝や玉石を張り付けた貝塗や彫刻塗、勇助塗などの加飾技法に特色がある。

12.3 日本の陶磁器

信楽焼（滋賀県）

起源は天平時代で13世紀後期に産地形成。日本六古窯の一つで、全国有数の陶磁器の産地として知られる。各種の模様付け技法と登窯（のぼりがま）で自然釉を現出させた灰かぶりや石はぜの技法に特色がある。

常滑焼（愛知県）

起源は12世紀頃、日本六古窯の一つ。茶器に見られる朱泥、泥物など低温で焼き締めた陶器に特色がある。

九谷焼（石川県）

17世紀頃に産地形成。茶器、酒器を中心とした日用陶磁器を生産。とくに青みを帯びた素地と独特な絵付けの技法に特色がある。

有田焼（佐賀県）

17世紀初期、朝鮮の陶工、李参平により開窯、伊万里焼ともいい、独特な赤絵の技法により海外にも知られる。国内最大の白磁器産地でもある。

砥部焼（愛媛県）

起源は18世紀後半、陶石を主原料とした厚手の磁器の堅牢さと、白地の急須に赤絵を施す施釉の技法で知られる全国有数の磁器産地。

益子焼（栃木県）

江戸末期、大塚啓三郎により開窯、茶色の鉄釉をかけた擂（すり）鉢や瓶（かめ）の大物雑器で有名。今日では湯呑や皿、花瓶などの日常雑器と浜田庄司の民芸陶器で知られる。

丹波立杭焼（兵庫県）

起源は鎌倉時代以前、日本六古窯の一つ。粘土を焼き締めた無釉の壺や日常雑器を中心とした陶器を生産している。

京焼（京都府）

起源は京都遷都以前、白磁手や呉須染付手などの技法による陶磁器を生産。清水焼、栗田焼、永楽焼など伝統と個性的な焼物で全国に知られている。

12.4 アートワーク、インテリアグリーン

アートワーク

インテリアアクセサリーに用いるアートワークには洋画、日本画、版画、ポスター、彫刻など多様であるが、ここでは近年だれでも楽しめるアクセサリーとして注目されている版画についてその概要を述べる。

- **凸版版画**……凸部にインクを付けて紙に刷る方法で、もっとも一般的なものが浮世絵で知られる木版（板目木版）である。近年では、リノリウムを版とする**リノカット**［linocut］が多くなった。
- **凹版版画**……銅や亜鉛の金属板に窪みをつくり、インクを詰めて紙に摺り取った版画をいう。刃物を用いて直接彫る直刻法にはビュラン彫りともいう**エングレーヴィング**や鋼針で線彫りする**ドライポイント**［drypoint］、網目銅版を用いた**メゾティント**［mezzotint］など、金属を酸で溶かす腐食法には**エッチング**や松脂を用いた**アクアティント**［aquatint］などがある。
- **平版版画**……水と油の反発作用を利用した石版画の**リトグラフ**［lithography］は、もっとも手描きに近い仕上げを特徴としている。
- **孔版版画**……版上の穴を通してインクを刷り取る孔版の代表的なものには、布を版下にした**シルクスクリーン**と呼ばれる**セリグラフ**［serigraph］がある。

インテリアグリーン

- **観葉植物**……一般に冬期加温や加湿が必要であり、置き場所に注意しなければならないが、冬期加温を必要としないものにはアジアンタムやシクラメン、フェニックス、乾燥に強いのはアイビーやゼラニウム、ベンジャミナ、サボテンなどがある。
- **栽培方法**……一般の植木鉢を用いたもののほかに、発泡煉土（ハイドロボール）を入れた容器で水耕栽培する**ハイドロカルチャー**［hydroculture］、直接プランターで栽培し、必要に応じてそのまま移動する**コンテナ栽培**、ガラスの容器に植え込んだ**テラリウム**、培地を必要としない**エアープランツ**など数多い。

第13章 ユニバーサルデザイン

13.1 ユニバーサルデザインと高齢者

ユニバーサルデザインの定義

ユニバーサルデザインとは、1970年代にアメリカの建築家ロン・メイスが提唱したデザイン思想で、“障害者や高齢者だけでなく、健常者を含めてすべての人が等しく使いやすく、快適に生活できるためのデザイン”をいう。バリアフリーデザインは、障害者や高齢者のために障壁をなくした安全設計や同計画をいうが、ユニバーサルデザインには初めから障壁そのものがなく、特定の人のためでないところが基本的に異なっている。

高齢者の機能低下

高齢者には加齢に伴い心身の諸機能の低下が生じる。とくに、視覚、聴覚、触覚などのほか、運動機能が若者に比し大幅に低下するが、個人差もありインテリアの計画においては個々に適切な対応が必要になる。

ケア住宅

ハンディキャップをもつ障害者や高齢者の機能低下を考慮した住宅で、バリアフリー設計による住宅をいう。

同住宅の**バリアフリー対策**の主なものには、①生活空間全体および屋内外との段差をなくすか、その解消を考慮する。②室内の必要なところには、適切な位置に適切な手すりを付ける。③車椅子での移動や操作を考慮した廊下や開口部（出入口）の幅を確保する。④緊急事態や災害などの非常時に対応した設備や通報システムを導入する。⑤家族や知人とのコミュニケーションを支援した空間や場をつくる、などである。

政府および各団体では、高齢者対応戸建て住宅や同在宅ケア対応集合マニュアルなどのプランや同住宅建設のための住宅資金融資制度を設けた。また、国土交通省では**“長寿社会対応住宅指針”**を発表している。

13.2 空間別インテリア

- **玄関およびアプローチ**……玄関までのアプローチの高低差は、勾配1／15～1／12のスロープで、雨天時でも滑りにくい仕上げにする。玄関アプローチの階段は、踏面30～40 cm、蹴上げ10～15 cmが望ましい。玄関の上がり框の段差は18 cm以下とし、ベンチや式台、補助具の収納などを考えたスペースを確保したい。
- **廊　　下**……廊下の内法(うちのり)（有効幅員）は、長寿指針で定めた78～85 cmを確保し、車椅子の使用に適した床材とする。
- **階　　段**……踊場のある直線またはシンプルな折れ曲がり階段で、30～35度の勾配とし、段鼻が出すぎるものや蹴込みのない階段は避けるべきである。階段の手すりは直径28～34mm、握りやすく端部を壁側に曲げたものを、使う人の高さに合わせて取り付けるとよい。一般に手すりの取付け高さは階段では75～80 cm、廊下では75 cmが標準とされている。階段の照明は、足もとが暗がりにならないように、上がり口と下がり口に足もと灯がほしい。
- **ト イ レ**……寝室に近いところで、介助の作業を考慮すると間口は135～150 cmはほしく、建具は外開きの開戸か引戸が望ましい。便器は動作が楽な暖房便座付きの洋式便器がよい。手すりはL型で、便座の先端より15～30 cm前方に、座位保持に使う横手すり部分を便座面から25 cm程度上方になるように取り付けるとよい。

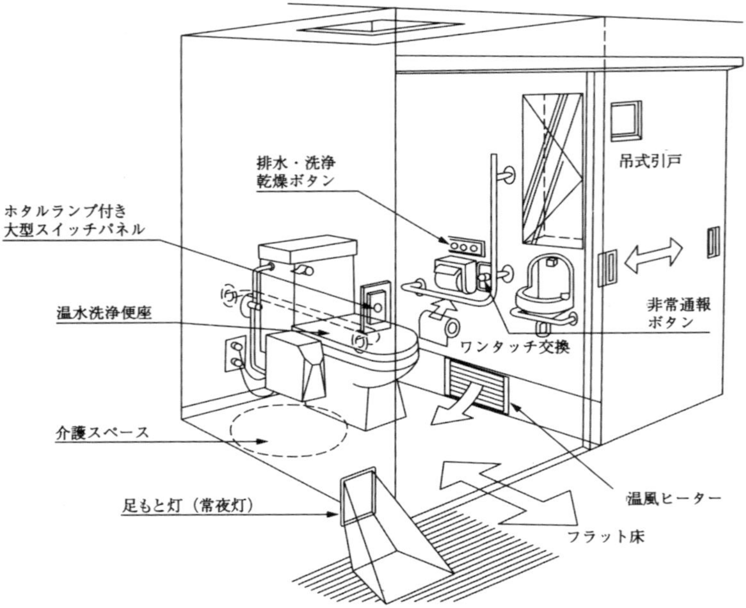

『インテリアコーディネーターハンドブック〔改訂版〕』インテリア産業協会より
図13-1

・**洗面・脱衣室**……介助者のスペースを考慮し、間口・奥行ともに180 cm程度とし、洗面カウンターは車椅子での使用を考慮して床面から75 cmを基準とする。水栓は操作や調節が楽なシングルレバー式の混合水栓がよいだろう。

・**浴　　室**……浴室は介助・介護を考慮すると、180×180 cm以上のスペースが必要で、出入口は引戸や折戸とし、吊具（リフト）の設置を想定した天井構造であることが望ましい。浴槽は内法95～125 cm、深さ55 cm程度の和洋折衷型で、洗場と浴槽の縁までの高さは40～45 cmとする。水栓はサーモスタット付きのレバー式混合水栓がよい。

浴室内には、動作を助けるL型の手すりや非常用の通報装置を設置しておくことはいうまでもない。また、脱衣室との床はフラットで段差をなくすか、浴室側に滑りにくいすのこを敷くとよい。冬期、湯上がり時の温度差を少なくするために、脱衣室では温暖器具を使えるようにしておきたい。

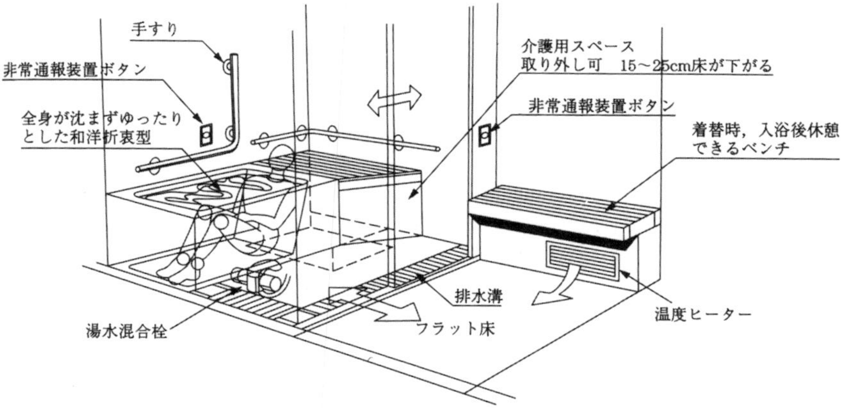

『インテリアコーディネーターハンドブック〔改訂版〕』インテリア産業協会より
図13-2

・**台　　所**……高齢者や障害者の個々の身体状況や車椅子での作業を考慮し、①作業台は高さを上下できるものか、肘頭より10～15 cm高の低めのもの、②加熱調理器は安全な電気器具、③水栓は片手で操作できるシングルレバー式や、足もとで操作できるフットセンサー付きのものがよい。これらを考慮したキッチン設備のことを、ケアキッチンという。

13.3 高齢者・身障者向け補助用品

高齢者・身障者の日常生活をサポートするための補助用具は、移動のためのもの、動作を助けるためのものなど数多く開発され、商品化されている。以下はその代表的なものである。

- **移動・動作補助**……移動を補助する用具には、歩行補助のための杖、車椅子、リフト、歩行器、階段昇降機、ホームエレベーターなどがあり、使う場所に応じた工夫がなされている。動作補助には、専用の椅子やベッドほかがある。

杖：1本脚のほかに、4点支持の多脚杖や前腕固定型のロフストランド杖などがある。

リフト：懸吊式や床走行式、浴室用の昇降リフトなど。

車椅子：手動式の普通型のほかに電動型、介助型、リクライニング型などが開発されている。とくに使用時の段差解消には、簡易スロープ材を用意しておくと便利である。

歩行器：固定式四輪歩行器、4脚交互歩行器などがある。

階段昇降機：階段の側部に設ける椅子型がある。スペースや予算があれば、業務用とは異なる家庭用のホームエレベーターの設置も考慮したい。

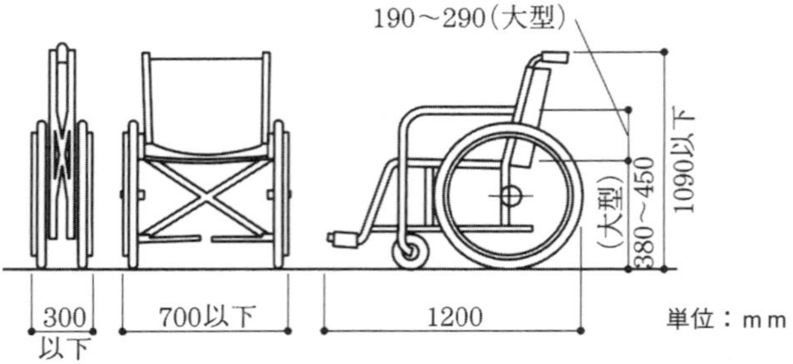

図13-3 車椅子（JIS T 9201）

- **家　　具**……椅子には、起立・着座の動作が楽な**起立補助椅子**、ベッドには姿勢変換機能をもつ**ギャッチベッド**、椅子の型にも変換する**椅子変換型ベッド**、ベッドの高さを変換できる**ハイローベッド**などがある。
- **排泄、入浴時動作補助用品**……とくに便器では、便所までの歩行ができないときに使うポータブル便器、座の下に便器を付けた椅子型便器などがある。便所で使うものには、便座を高くした補高便座、便座が昇降して動作を補助する電動式の立ち上がり便座がある。浴室での動作補助用品には、電動式入浴リフト、浴槽内腰掛け、浴槽の縁に取り付ける浴槽取付け手すり、洗場で使うシャワーチェアなどがある。
- **ホームエレベーター**……個人住宅用のホームエレベーターは、一般ビル用のエレベーターとは異なり、床面積1.1m^{2}以下、積載荷重最大200kg（定員3名）以下、速度12m/分以下、昇降行程10m（4階）以下までに制限されている。

第14章 インテリアの歴史

14.1 古　代

古代ギリシャ＆ローマ文化

the culture of ancient Greece & Rome

紀元前7世紀頃、ドーリア人によって築かれたギリシャ文化を代表する建築物には**アクロポリスの神殿群**がある。同神殿はオーダーと呼ばれる円柱体系をもつ石造建築として有名。紀元前6世紀以降3世紀頃までの古代ローマ文化で代表的な建造物として、直径、高さとも43m以上もあるドーム建築の**パンテオン**や**コロセウム円形劇場**がある。同ローマの上流階級の住宅はアトリウム（広間）をもち、**中庭**（ペリスチリウム）を列柱で囲んだ住居様式であった。

- **オーダー［order］**……エンタブラチュア（柱頭より上の部分）、柱身、基壇からなる神殿建築の円柱体系。**ドリス式、イオニア式、コリント式**のギリシャ式に、古代ローマのトスカナ式とコンポジット式を含めたものを5種のオーダーという。
- **クルスモス［klismos］**……背と脚部がサーベル状に湾曲した古代ギリシャの婦人用サイドチェア。直線のものをディフロス［diphros］という。
- **クリーネ［kleine］**……現在のカウチ（寝椅子）やソファの前身と考えられる古代ギリシャの半臥式の椅子。昼間は半臥式の食事や休息、夜は寝椅子として用いられた実用性の高い一人掛けの長椅子である。
- **ソリウム［solium］**……古代ローマ時代、公的な場や家長用に使用されたオットマン（足台）付きの椅子。とくに元老院議員が議事堂で使用したブロンズ製の腰掛けは**ビセリウム［bisellium］**と呼ばれている。

コロセウム円形劇場。レンガ積みのアーチ部分

イオニア式円柱のオーダー

「第8回インテリアコーディネーター資格試験問題」より

図14-1

14.2 中　世

ビザンチン&ロマネスク文化

Byzantine culture & Romanesque

ビザンチン文化は、古代ローマ帝国が東西に分裂した4世紀末からコンスタンチノープルを首都とする東ローマ帝国が滅びる15世紀中頃までのキリスト教文化、ロマネスク文化は10世紀末から12世紀にかけて西ヨーロッパで栄えたキリスト教文化をいう。ビザンチン文化の代表的建築物は、イスタンブールの**聖ソフィア寺院**やベネチアの**聖マルコ寺院**で、集中式と呼ばれるバシリカ［basilica］形式による教会建築に特色があった。ロマネスク文化では、古代ローマ文化に各地の地方性が加味された石造建築に特徴があるが、とくに有名なのは斜塔のある**ピサ大聖堂**である。

イスラム文化

Islamic culture

7世紀初頭から同時代の西アジアからスペイン、北アフリカで全盛を誇ったイスラム帝国で栄えた文化。代表的建造物として各地の**モスク［mosque：礼拝堂］**のほか、**グラナダのアルハンブラ宮殿**がある。同文化では、幾何学的模様や唐草模様の**アラベスク［arabesque］**による装飾がもっとも特徴的である。

『インテリアコーディネーター資格試験問題集』井上書院より
図14-2 アラベスク

14.3 近　世

ルネサンス文化

Renaissance

イタリアのフィレンツェを発祥の地とし、14世紀から16世紀にかけてヨーロッパ全土に広がった古代ギリシャ&ローマ文化の復興運動。古典文化の復興を目指すことで、ゴシック期の宗教や王朝の権威から人間性を解放しようとした。様式的には古代ギリシャ&ローマの古典装飾の中にシンメトリーが加味され、全体として端正で典雅な構成である。同様式の代表的建築物にはフィレンツェの**サン**

タマリア・デル・フィオーレの大聖堂、アルベルティのサンタマリア、ノヴェラ教会のほか、フランスのロワール河流域のパラッツォ［palazzo：大邸宅］がある。

イギリスでのルネサンスの初期は、チューダー王朝統治の時代でチューダー［Tudor］様式、後期はエリザベスI世統治からエリザベス［Elizabethan］様式としてその全盛を迎えた。以下はルネサンス期の代表的な家具の例である。

・ダンテスカ［Danteska］……X型の交差脚、皮張りの座面と背当てに布張りのクッションを置いた貴族用の椅子。同名称は文豪ダンテが愛用したことに由来する。

パラッツォの外壁。
各階層にコーニス（蛇腹）がある。
「第8回インテリアコーディネーター資格試験問題」より

ルネサンス様式のX型椅子。
古代ローマのセラ・クルーリス（スツール）が原型。
「第18回インテリアコーディネーター資格試験問題」より

図14-3

ゴシック文化--

Gothic

ゴシックは12世紀から16世紀にかけて北フランスを中心に栄えた中世キリスト教文化。同様式を代表する建築物にはパリのノートルダム寺院、ドイツのケルン大聖堂、イタリアのミラノ大聖堂などがある。同建築様式はリブ構造の発達で、それまでのロマネスクの仰高性がいっそう壮大になり、窓にステンドグラスが用いられたことで、宗教的荘厳さをより強く感じさせるようになった。

・リブ・ヴォールト［rib vault］……石やブリック（レンガ）でアーチまたはアーチを連続させた構造の中で、とくにアーチが交差してできる稜線をせりもちの肋としたものをいい、ゴシック建築の構造上の特徴になっている。

・フライング・バットレス［flying buttress］……ヴォールト構造のスラスト（水平方向への圧力）を支えるために設けた控え壁の中で、とくに建物から少し離して柱を立ててアーチ状の梁とした飛び梁のことをいう。ゴシック建築の構造上、意匠上の特徴の一つである。

・ハーフティンバー［half-timbering］……柱や梁、桁の間を漆喰（スタッコ）やレンガで埋めた木骨様式で、中世西ヨーロッパの民家建築の特徴の一つとして今日に伝えられている。

・**トレーサリー［tracery］**……窓の上部やバラ窓を飾る狭間飾りのこと。ゴシック建築の意匠上の特徴の一つだが、家具のパネル装飾にも多用された。パネル装飾でひだ模様のものを**リネンホールド［linenfold］**、火炎模様を**フランボワイアン［flanboyant］**という。

・**セッツル［settle］**……ボックスシートに板張りの背もたれ、肘掛けを付けた長椅子。ボックスの中は収納スペースで、中世ヨーロッパの民家で広く使用された実用家具の一つ。

・**チェスト［chest］**……衣服や調度品などを収納する上蓋付きの櫃（ひつ）。蓋の上面に毛皮や布団を置いて、椅子や寝台としても利用された。

・**サヴォナローラ［Savonarola］**……X字型の交差脚を多数組み合わせた折畳み椅子。木割り板の座面、差込み式の背板、とくに背当て板には紋章を彫刻したメダリオンが施された。名称は、同椅子を愛用した名僧サヴォナローナに由来する。

・**カッサパンカ［cassapanca］**……イタリア・ルネサンス期の貴族が用いた収納櫃付きの長椅子。後述するカッソーネ（ベンチ）とパンカ（収納櫃）を一体化したもので、パラッツォの広間に置かれた。

・**カッソーネ［cassone］**……中世イタリアの収納用の大型櫃。ウォールナット材を主材に、表面に彫刻や絵画を施したものが多い。

・**カクトワール［caquetoire］**……ルネサンス後期、フランスの宮廷で用いられた婦人用の肘掛け椅子。とくに、当時のファンジンケールスカートに合わせて座面は前広がりで、彫刻付きの細長い背板と操り棒の肘支柱を付けた。初期の頃と異なり、全体の意匠は軽快でスマートなフォルムである。

ゴシック様式の大聖堂。
石造のボールド天井とピア（柱）、
大アーケード、バラ窓などに特徴がある。

ゴシック様式の椅子

ゴシック様式の椅子
「カクトワール」

「第8回、第15回、第24回インテリアコーディネーター資格試験問題」より
図14-4

バロック様式

Baroque style

17世紀初頭から18世紀にかけて、フランスを中心に興隆した装飾様式。ルネサンスの厳格な規則性を離れた躍動感あふれる造形表現で、次代の女性的意匠のロココに対し、男性的なイメージを与える装飾様式である。代表的建築物には、フランスの**ベルサイユ宮殿**やローマ・バチカンの**サンピエトロ大聖堂**などがある。同様式は当時の統治者の名称から、フランスでは**ルイ14世［Louis Quatorze］様式**と呼ばれている。同様式を代表する作家には、ブール様式で知られる**アンドレ・シャルル・ブール［Andre Charles Boulle］**や宮廷画家のシャルル・ル・ブランらがいる。17世紀の同様式の初期のルイ13世に対応するイギリスでは、スパイラル状のねじり脚などの挽物に特徴のある**ジャコビアン［Jacobian］様式**の全盛であったが、17世紀後半のウィリアム3世時代になると、ウォールナット時代様式とも呼ばれる**ウィリアム＆メアリー［William & Mary］様式**が興隆、イギリスのバロック様式が全盛を迎えた。

「第15回インテリアコーディネーター資格試験問題」より
図14-5 ジャコビアン様式の椅子

ロココ様式

Rococo style

18世紀のフランス、ルイ15世統治下の装飾様式で、**ルイ15世［Louis Quinze］様式**、語源となったベルサイユ宮殿の築山の名から**ロカイユ［Rocaille］様式**とも呼ばれている。代表的建築物には、パリの**オテル・ド・スービース**ほかの**パビリヨン（居館）**がある。造形的には、バロックの男性的意匠に対し、曲線多用で繊細、軽快な女性的意匠を特徴としている。

・**リージェンシー［Regency］様式**……ルイ14世と同15世の間のオルレアン公フィリップが摂政であった時代（1715～23年）の装飾様式。ルイ14世様式の荘重さと、ルイ15世様式の優雅さの特徴を兼ね備えている。

・**クイーン・アン［Queen Anne］様式**……18世紀初頭のイギリスのアン女王統治下のロココ様式。オランダの影響が大きく、前時代のウィリアム＆メアリー様式とまとめて**アングロダッチ［Anglo Dutch］様式**とも呼ばれた。意匠的にはカブリオール脚などに見られるように、曲線を多用した軽快で優雅なものが多く、部分的にロココの特徴である貝殻の彫刻が施されている。

・**カブリオール・レッグ［cabriole leg］**……猫脚、動物脚、クイーン・アンやルイ15世時代の家具に用いられた**S字状の曲がり脚**で、とくにロココ様式の意匠上の特徴として知られている。

・**コンソールテーブル［console table］**……前脚だけで背部を壁にもたせかけて用いる持ち送り式の小卓子で、花瓶や時計、胸像などの飾り台として18世紀初頭から使われた。ピアテーブルともいう。

・**コンモード［commode］**……窓間壁に置かれた装飾用の小卓子。ロココ様式を代表する家具の一つで、高級なものにカブリオール脚で引出しをもつ小型の装飾箪笥がある。

・**デュシェス・プリゼ［duciess prise］**……18世紀のフランスで貴族の婦人が用いた組み椅子。両脚を伸ばして休息できるシェーズロング（長椅子）の一種で、ロココ様式を代表する家具の一つ。

クイーン・アン様式「スプラットバック」　カブリオール・レッグをもつアームチェア　コンモード　デュシェス・プリゼ＊

「第15回、第18回インテリアコーディネーター資格試験問題」より。
＊印：『椅子のデザイン小史』鹿島出版会より
図14-6

ジョージアン様式

Georgian style

18世紀から19世紀前半のイギリス、ジョージ1世から3世統治下の装飾様式。18世紀前半は古代ギリシャ復興を理想とした**パラディアニズム［Palladianism］**の全盛期であったが、中頃からフランスの新古典主義ネオ・クラシズムの影響を受けた摂政様式と呼ばれる**リージェンシー［Regency］様式**が興隆した。とくに、同様式を代表する家具様式にはチッペンデール、アダム、ヘップルホワイト、シェラトンの4大様式がある。

・**チッペンデール様式**……18世紀中頃、イギリスの家具師**トーマス・チッペンデール［T.Chippendale］**により創始された装飾様式で、ロココ様式を基本にネオ・ゴシック風や中国風の**シノアズリ［chinoiserie］**が加味された意匠である。透かし彫りの**リボンバック［ribbon back］**や組み格子をパターン化した椅子の意匠が特徴になっている。

・**アダム様式**……18世紀後半、イギリスの建築家**ロバート・アダム**［R.Adam］**兄弟**による新古典主義的な装飾様式。とくに椅子は古典ローマをモチーフにした**盾形や**
ハート形、卵形の背もたれをもつ軽快で優美な意匠を特徴としていた。

・**ヘップルホワイト**［Hepple White］**様式**……18世紀後半、イギリスのジョージ・ヘップル［G. Hepple］により完成された装飾様式で、新古典主義とロココ様式が折衷され全体としてシンプルで軽快な意匠である。とくに椅子は盾形の背もたれをもつシールド［shield］バックと、直線的で先端をスペード形にした**スペードフット**［spade foot］を意匠上の特徴にしている。

・**シェラトン様式**……19世紀初頭、イギリスの家具師**トーマス・シェラトン**［T.Sheraton］により創作された装飾様式。ルイ・セーズ［Louis Seize］やアンピール様式の影響を受けて、全体に直線的で繊細、優美な意匠である。

チッペンデール様式
「リボンバック」

ヘップルホワイト様式
「シールドバック」

『椅子のデザイン小史』鹿島出版会より
図14-7

アンピール様式---

Empire style

19世紀前半、フランスのナポレオン第一帝政時代の装飾様式。新古典様式に古代ローマやエジプトをモチーフにした装飾で、全体に厳格、重厚感があり、真紅に金や黒漆の対比の強い色彩が用いられている。代表的な建築物には、エトワール広場の凱旋門やラ・マドレーヌ寺院などがある。同様式は、イギリスでは**リージェンシー様式**、アメリカでは**エンペラー**［Emperor］**様式**という。

ビーダーマイヤー様式---

Biedermeier style

19 世紀前半のドイツ・オーストリアにおいて市民間に広まった様式。過度の装飾を廃し、実用性を重視した簡潔な意匠で、近代デザインの先駆けとしても注目されている。

アーリーアメリカン様式--

early American style

17世紀から19世紀までのアメリカにおける装飾様式で、とくに、19世紀前期までを**コロニアル［Colonial］様式**といい、イギリスのジャコビアンとオランダのダッチスタイルを基本に、単純で素朴な意匠を特徴としている。18世紀後期から19世紀初めにかけてヨーロッパから新古典様式が伝わり、**フェデラル［Federal：連邦］様式**となった。その代表的家具師には**ダンカン・ファイフ［Duncan Phyfe］**がいる。同時期には、シェーカー教徒から装飾のない素朴なラダーバックを特徴とする**シェーカー［Shaker］様式**が、19世紀末にはスペインのキリスト教布教団により簡潔な**ミッション［Mission］様式**がもたらされている。

コロニアル様式
「ラダーバック」

フェデラル様式
（ダンカン・ファイフ作）

『椅子のデザイン小史』鹿島出版会より
図14-8

14.4 近代のデザイン運動

アーツ＆クラフツ運動--

Arts & Crafts

19世紀末から20世紀初頭にかけて、イギリスの**ウィリアム・モリス［William Morris］**が興した美術工芸の革新運動。産業革命の大量生産による粗雑な品質を批判し、職人の手加工により品質の高い製品を生産しようと、モリス・マーシャル・フォークナー商会を設立した。同運動は美術批評家**ジョーン・ラスキン［John Ruskin］**の中世讃美やゴシックリバイバルの影響を受け、機械による大量生産を否定した。

アール・ヌーボー

Art Nouveau

19世紀末のベルギーを発祥の地とし、ヨーロッパ全土に広がった装飾の新芸術運動。過去の歴史的様式やアカデミズムを離れた新様式で、その運動は建築から工芸全般に及んだ。植物をモチーフにした曲線による左右不均衡な構成で、流動感のある強烈かつ幻想的な意匠を特徴としている。代表的作家には創始者のベルギーの**ヘンリ・ヴァンデ・ウェルデ［H.Vande Velde］**のほか、パリの地下鉄入口で有名な**ヘクトル・ギマール［Hector Guimard］**、象嵌彫刻工芸の**エミール・ガレ［Emile Galle］**などがいる。アール・ヌーボーはドイツでは**ユーゲント・シュティール［Jugend Stiel］**、オーストリアではゼセッション［Secession］、スペインではモデルニスモ［Modernisme］として独自の装飾様式に発展した。

チューリン街の家の階段室

エミール・ガレの照明器具

「第8回、第21回インテリアコーディネーター資格試験問題」より
図14-9 アール・ヌーボー様式

シカゴ派

Chicago school

19 世紀末、アメリカ・シカゴの建築家**ルイス・サリバン［Louis H.Sullivan］**により結成された機能主義建築家集団。サリバンの“形態は機能に従う”という言葉は同派の思想を象徴している。

ゼセッション

Secession

1892年、オーストリアのミュンヘンで興った芸術運動で、既存のアカデミズムからの分離を目的とし、"用と美の調和"による実用主義を唱えた建築家**オットー・ワグナー［Otto Wagner］**の思想のもとに活動した。その意匠は機能に即した幾何学的形態を特徴とし、大正期の日本にも大きな影響を与えている。代表的建築家には前述のワグナーのほかに、ウィーン工房を創設しブリュッセルのストッレー邸などを設計した**ヨゼフ・ホフマン［Josef Hoffmann］**らがいる。

ドイツ工作連盟---

Deutcher Werkbund

1907年、ミュンヘンにおいて**ヘルマン・ムテジウス［Hermann Muthesius］**によって結成された組織で、"ザッハリヒカイト（即物性）"をデザイン指標に、機械と芸術の統一により簡潔で合理的な形態の追求を図った。代表的建築家には、AEG電気会社タービン工場を設計した**ペーター・ベーレンス［Peter Behrens］**やガラスの家を設計した**ブルーノ・タウト［Bruno Taut］**らがいる。とくに、タウトは1933年に来日して日本の工芸発展に貢献、『日本美の再発見』の著者としてもよく知られている。

表現主義・構成主義---

Expressionismus・ Konstruktivismus

1910年代から20年代のドイツやソビエトで興った伝統的様式や合理主義に反発する芸術・建築の動向をいう。前述のタウトやアインシュタイン塔を設計した**エリッヒ・メンデルゾーン［E.Mendelsohn］**が表現主義を代表する建築家で、第三インターナショナル塔案の**ウラジミール・タトリン［V.E.Tatlin］**が構成主義を代表する建築家である。

デ・スティル--

De Stiel

1917年、オランダで**テオ・ファン・ドースブルグ［Theo Van Doesburg］**、画家のモンドリアンらにより結成された**キュービズム［Cubism］**造形運動。新造形主義といわれる芸術理論を理念に、単純な形態や色彩を構成要素とする立体表現を特徴としている。代表的建築家には、アイヘン・ハール集合住宅の**デ・クレルク［M.de Klerk］**や、シュレーダー邸や赤と青の椅子で知られる**ゲーリット・トーマス・リートフェルト［G.Thomas Rietveld］**らがいる。

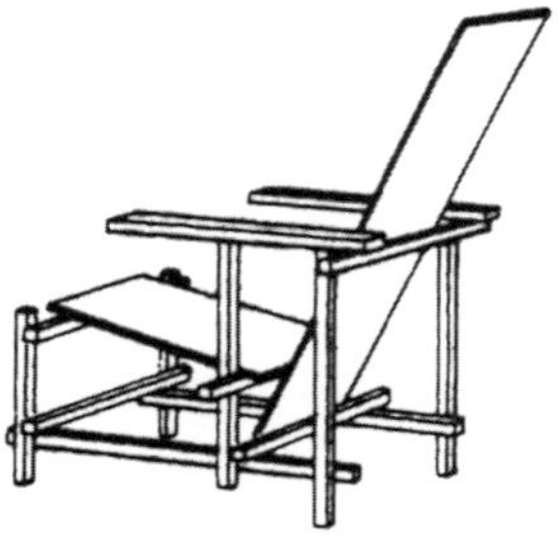

「赤と青の椅子」1917年、
ゲーリッヒ・トーマス・リートフェルト（オランダ）
「第19回インテリアコーディネーター資格試験問題」より
図14-10 デ・スティル

バウハウス--
Bauhaus

1919年、ドイツのワイマールに、建築家**ワルター・グロピウ［WalterGropius］**の“芸術と技術の新しい統一”を指導理念として設立された国立の建築と工芸・デザインのための学校。機能性と量産化のための技術を追求し、近代デザインの基礎を築き、近年までの世界のデザイン界や教育界に大きな影響を与えた。代表的なデザイナーには前述のグロピウスのほかに、初めてカンティレバーの鋼管椅子を発表した**マルセル・ブロイヤー［Marcel Breuer］**や、建築家で同校最後の校長となった**ミース・ファン・デル・ローエ［Mies Van Der Rohe］**がいる。

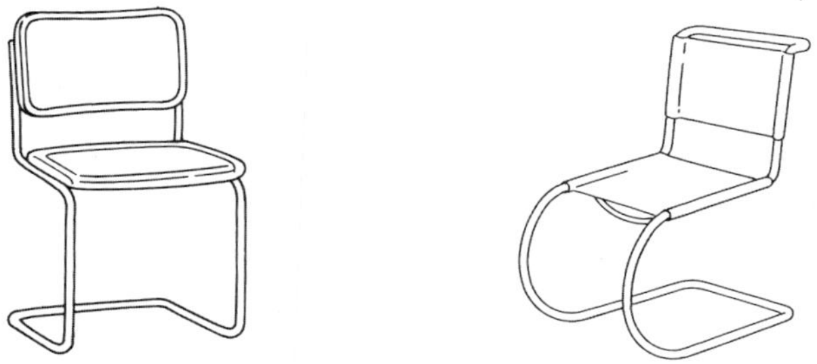

「カンティレバーチェア」1928年、
マルセル・ブロイヤー（ドイツ）

「MRチェア」1927年、
ミース・ファン・デル・ローエ（ドイツ）

『インテリアコーディネーター資格試験問題集』井上書院より

図14-11 バウハウス

アール・デコ--
Art Deco

1920年代から30年代にかけて、フランスを中心に興隆した装飾様式。1925年、パリで開かれた現代装飾産業美術博覧会にちなみ、**25年様式**とも呼ばれている。ガラスや金属を多用した幾何学的形態が多く、前述の曲線的なアール・ヌーボーとは対照的な意匠である。代表的な作家には、ロタ通りの家で知られる**アイリーン・グレイ［Eileen Gray］**や**モーリス・デュフレーヌ**らがいる。

国際建築様式--
International Modern

1920年代以降のモダニズムを志向する建築工芸様式で、機能性を重視し工業化と経済性を追求、国際的な広がりを見せた。前述のバウハウスにおける**グロピウス**がその創始者である。代表的建築物にはグロピウスのデッソウのバウハウス校舎、**ミース・ファン・デル・ローエ**のバルセロナ万博のドイツ館、ニューヨークのシーグラムビル、**ル・コルビュジエ［Le Corbusier］**のスイス学生会館がある。

エスプリ・ヌーボー--

Esprit Nouveau

1920年、**ル・コルビュジエ**が画家オザンファンらと唱えたピュリズム（純粋主義）による機能主義運動。コルビュジエは機能主義建築の **"近代建築の五原則"** を発表、サヴォア邸ほか多数の作品を残して20世紀最大の巨匠と称されている。とくに家具では、背の角度が姿勢に合わせて傾斜する**バスキュラントチェア**や、角度を自由に調節できる寝椅子**シェーズロング**など、数多くの名作を残している。

14.5 現代のデザイン

北欧モダン--

Scandinavian Modern

スカンジナビアのモダンデザインはヨーロッパの影響を受けながらも、自然素材を生かした職人によるハンドクラフトを有機的に結び付けた独自のデザインを創出、民族的伝統と風土の融合による洗練された造形で世界のデザイン界の注目を浴びた。代表的デザイナーには、デンマークの建築家で人体プロポーションに基づく家具の標準化を研究した**カール・クリント［Kaare Klint］**や、プライウッドのスタッキングチェアやFRP成型によるスワンチェアを発表した**アルネ・ヤコブセン［Arne Jacobsen］**、ピーコックチェアやYチェアなどで椅子の巨匠として世界に知られる**ハンス・J.ウェーグナー［Hans J.Wegner］**、フィンランドでは1939年のニューヨーク万博「フィンランド館」や成型合板による家具で有名な**アルバー・アアルト［Alvar Aalto］**、スウェーデンでは積層曲木による家具の**ブルーノ・マトソン［Bruno Mathsson］**らがいる。

アメリカンモダン--

American Modern

第二次世界大戦後の〈モダニズム〉の主流は、高度な工業技術と資本力をもったアメリカに移った。機能性を価値付けたモダンデザインは、必然的に装飾のない合理的かつ単純な形態を追求、シンプル イズ モダンが定着し成熟していった。同モダンを代表するデザイナーには、ハーマン・ミラー社のデザインを手がけ成型合板のプライウッドチェアやイームズラウンジなどを発表した**チャールズ・イームズ［Charles Eames］**や、ダラス空港ビルやGM技術本部などの建築、FRPのチューリップチェアで知られる**エーロ・サーリネン［Eero Saarinen］**らがいる。

イタリアンモダン--

Italian Modern

イタリアのモダニズムは1930年代の合理主義運動〈ラツィオナリズム〉に端を

発し、イタリア経済が復興する60年代に第一次黄金期を迎え、アメリカのポップアートの影響を受けながら70年代の〈ラディカルデザイン〉を開花、近年では〈ニューウェーブ〉コンテンポラリーモダンのリーダーとしてその動向が注目されている。第一次黄金期の代表的建築家には、近代合理主義運動の父と評され、ヨーロッパ最初の超高層ビルであるピレリーや超軽量椅子スーパーレジェラで知られる**ジオ・ポンティ［Gio Ponti］**、AID（イタリア工業デザイナー協会）を創立し、イタリアデザインの創始者と評される**アキレ・カスティリオーニ［Achille Castiglioni］**らがいる。

「スワンチェア」
アルネ・ヤコブセン

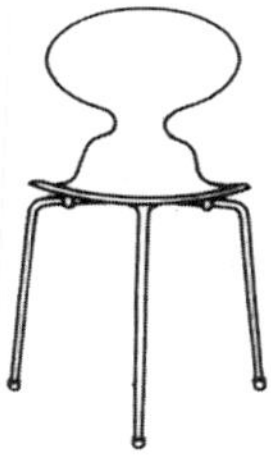

「アントチェア」
アルネ・ヤコブセン

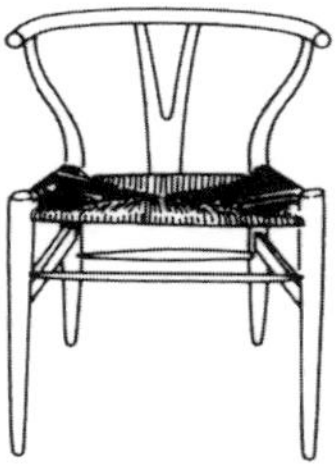

「Yチェア」
ハンス・J.ウェーグナー

北欧モダン

「イームズラウンジ」
チャールズ・イームズ

「チューリップチェア」
エーロ・サーリネン

アメリカンモダン

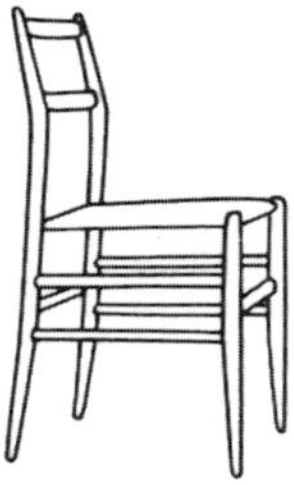

「スーパーレジェラ」
ジオ・ポンティ

イタリアンモダン

『インテリアコーディネーター小事典』日刊工業新聞社より
図14-12

日本モダン

Japanese Modern

日本のモダンデザインは、とくに北欧モダンの影響を強く受け1960年代にその開花期を迎え、70年代の高度経済成長に伴う住宅産業の発展とともに成長した。北欧からの技術導入による合成樹脂や成型合板の導入などがあり、さしずめ60年代はデザインの開発期で当時を代表するデザイナーには、日本民藝館館長を務め成型合板の**バタフライチェア**を発表した**柳宗理**や、籐椅子のKMチェアで知られる**剣持勇**、日本の座様式に対応した**スポークチェア**の**豊口克平**などがいる。近年では、ニューウェーブの影響を受けた若手デザイナーの国際的進出により、第二の黄金期を迎えている。

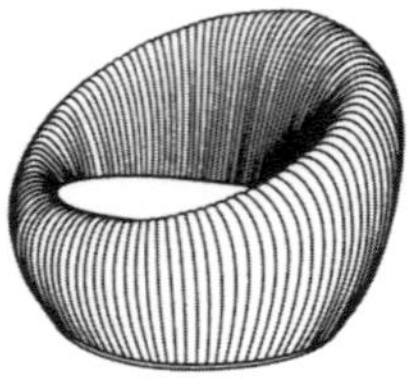

「KMチェア」、
剣持勇の籐ラウンジチェア

「スポークチェア」、
豊口克平の低座椅子

『インテリアコーディネーター資格試験問題集』井上書院より
図14-13

ニューウェーブ---

New Wave

70年代後半、人間性を忘れたモダニズムへの反省は〈ポストモダン〉や〈レトロ（回帰復刻）〉を興隆させ、80年代の第三世代を中心とする新しい流れ〈ニューウェーブ〉を迎えた。合理主義や機能主義を脱し、色彩や形態をコミュニケーション言語として装飾に新しい価値付けをしたエセティック［Aesthetic］主義や、異質なものとの並存の中で統一を試みたポストモダニズムの運動がその例。イタリアの**エットーレ・ソットサス［Ettore Sottsass］**の〈**メンフィス［Memphis］**〉や、**アレッサンドロ・メンデーニ［Alessandro Mendini］**の〈アルキミア〉のアヴァンギャルドはその代表的なもので、日本では**梅田正徳**や**岡山伸也**などがいる。

ニューウェーブを代表するデザイナーには前述のほか、**ミケーレ・デ・ルッキ［Michele De Lucchi］**やアメリカの**リチャード・マイヤー［Richard Meier］**、**ロバート・ヴェンチューリ［Robert Ventuli］**、フランスの**フィリップ・スタルク［Philippe Starck］**、イタリア・アーキズムの**パオロ・デガネロ［PaoloDeganello］**、日本では可変チェア「ウインク」を発表した**喜多俊之**らがいる。

14.6 寝 殿 造

寝殿造の特徴

奈良・平安時代の貴族（公家）の住宅様式。1町（約120m）四方の地割りを基準に、主人の居所である寝殿（正殿）を中心に、左右と後に家族の住まいの対屋、前（南）の池に釣殿・泉殿を対称的に配し、渡り廊下で結んだ左右対称の配置を原則とした。同形式をもつ代表的な建物には、京都御所正殿の**紫宸殿**や**清涼殿**がある。

・**塗(ぬり)　籠(ごめ)**……寝殿内部の一部を壁で囲んで寝室にしたもので、平安中期頃からは納戸として用いられた。壁で塗り込められたことから、その名の由来がある。

・**帳(ちょう)　台(だい)**……寝殿の寝所で用いた座臥具で、帳(とばり)で囲んで夜は寝台とした。帳もしくは斗帳(とちょう)とも呼ばれた。畳を敷いた浜床（台）の四隅に柱を立て、横木（鴨居）を渡して巻上げ式の帳を垂らした。鴨居には帽額(もこう)と呼ぶ横布を巡らしている。

屏 障 具

寝殿造の室内を区切ったり、間仕切りとして用いられた舗設(しつらえ)具の総称。

・**屏　風**……人目や風を遮るための衝立。六曲一双が基準で高さは5尺前後の本間屏風や2尺前後の枕屏風など、その種類は多い。

・**几(き)　帳(ちょう)**……箱台の上に2本の棹を立て、上部に横木を付けて帷(かたびら)を垂らした移動式の布間仕切りで、外部との遮蔽や防寒に用いた。

・**壁(かべ)　代(しろ)**……母屋と庇(ひさし)との境の間仕切り。長押(なげし)から御簾(みす)と一緒に垂らした帳で、冬用には綿入れがある。室内を適宜に間仕切るために用いた引帷(ひきもの)も壁代の一種。

・**御　簾**……母屋と庇との境の長押に掛けた竹簾のこと。とくに柱の内側に掛けるものを内御簾、外側に掛けるものを外御簾という。

・**蔀(しとみ)　戸(ど)**……寝殿や対屋の内部と外部を遮断する建具で、格子組に板を張った板戸をいう。開けるときは板を押し上げて、別に用意した金具に引っ掛けて固定した。上下に分けたものを半蔀(はじとみ)という。

座 臥 具

寝殿造の住宅において座ったり腰を掛けたりする舗設具の総称。

・**畳**……蓆(むしろ)を数枚重ねて座臥具としたのがその始まりで、夜は帳台を用いて寝台とし、昼は茵(しとね)という座布団を敷いて座具とした。敷詰となったのは、寝室が塗籠の帳台から襖で囲まれた小室に移った室町時代以降であり、現在のように一般化したのは昭和に入ってからである。

・**円　座**……稲ワラで縄をにない渦巻状に巻き止めた円形の座布団。その始まりは藺草(いぐさ)を束ねて芯にし、スゲやガマの葉でつくったワラ蓋という。

・**草(そう)　墪(とん)**……菰(まこも)を芯にして綿で包んだ円筒形の腰掛け。とくにワラを芯にして縄で巻き付けたものを**ワラ墪**と呼んだ。

- **兀子**（ごっし）……朝廷で用いた横長で4脚のある肘なしの腰掛け。似たものに、卓子の形をした宮廷用の座具の床子（しょうじ）がある。
- **胡床**（こしょう）……X型に交差した折畳み式の腰掛け。宮廷の儀式や貴族の外出に用いた。近世以降は床几（しょうぎ）と呼ぶようになった。
- **倚子**（いし）……方形で鳥居形の背もたれのある宮廷用の座具。座に茵を敷いて趺座して使用した。椅子と書くようになったのは鎌倉時代以降、禅僧が用い始めてからという。X型で折畳み式の椅子や、背や肘にカーブがある**曲彔**（きょくろく）など種類も多くなった。
- **脇息**（きょうそく）……座ったときに腕で寄り掛かる肘掛けのこと。奈良時代までは拱軾（きょうしょく）といい、両肘をついて身体をもたせかけるのに用いている。

食台類

奈良・平安の時代頃に用いられた供膳・食卓の道具の代表的なものには次のようなものがあった。

- **高坏**（たかつき）……食物を盛ったり食器を乗せる1本脚の台。奈良時代までは食器としての機能が強いが、平安以降は膳として使用された。
- **折敷**（おしき）……現在の角盆。食器の下に敷く意味で近代まで用いられた供膳具。折敷の下に脚を付けたものを足打折敷という。
- **衝重**（ついがさね）……方筒形の台の上に折敷を重ねた膳具。室町以降は三方（さんぼう）または供饗（くぎょう）と呼んだ。
- **懸盤**（かけばん）……方形の盆に台が付いた食卓。とくに大型のものを台盤という。

収納具

奈良・平安時代に用いられた収納具には、籠（かご）、行李（こうり）などのほか、木製の箱や櫃、長持、厨子、棚などがある。

- **櫃**……蓋のある大型の箱で、衣類から文書、食料品など用途の広い収納具。とくに脚付きの櫃を**唐櫃**（からびつ）、脚のない櫃を**和櫃**という。
- **長持**（ながもち）……寝具・衣類の収納を目的とする蓋付きの大型の櫃。長持が嫁入道具として使われたのは室町時代からという。
- **厨子棚**（ずしだな）……古代からの棚と中国から入ってきた厨子（戸棚）が一体化した飾り棚。開扉をもつ厨子がなく棚だけのものを**二階棚**という。

高坏

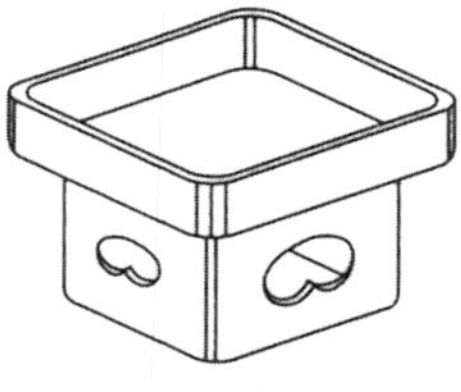

衝重

唐櫃

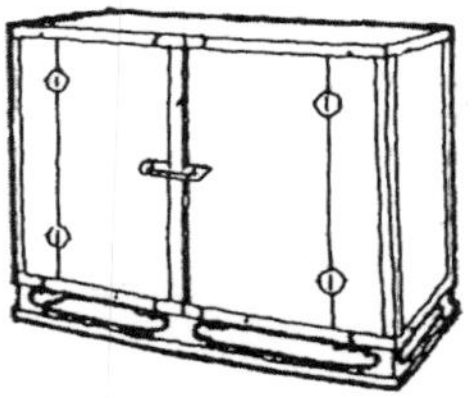

厨子

「第6回インテリアコーディネーター資格試験問題」より
図14-14

14.7 書院造

書院造の特徴

近世初頭の安土・桃山時代に完成した武家特有の住宅様式。平安時代からの寝殿造を原形に、主殿と呼ばれた広間を中心とした初期書院造と呼ばれる**主殿造**を経て完成した様式で、畳の敷詰め、障子や襖、遣戸（やりど）、欄間（らんま）などの造作と床の間、書院、帳台構えなどの**座敷飾り**を特徴としている。

- **座　　敷**……寝殿造の生活では座具であった畳を全面に敷き詰めた主殿。とくに身分制を明確にするために、床をもった上段のほかに、中段、下段と畳面に段差が付けられた。
- **建　　具**……部屋の仕切りには塗壁のほか板戸、襖、障子など、室外との戸には舞良戸に似た引違いの**遣戸**（やりど）が用いられた。室内の建具と天井との間には明かり採りを目的にした**欄間**が設けられている。
- **天　　井**……**竿縁**（さおぶち）**天井**を原則とし、身分制により上段では二重折上格天井、中段では折上格天井、下段では格天井などと仕様に序列がある。
- **床（床の間）**……鎌倉時代の禅宗僧侶が、読経や仏画を鑑賞する際に花瓶や香炉、燭台の**三具足**を据えた**押板床（卓）**と、禅宗寺院で用いられた座臥具の**畳床**がその起源とされる。座敷の上段に床框を造作する今日の床の間は、畳床の流れを引く仕様である。
- **棚（違棚）**……床脇の座敷飾りで、寝殿造の**厨子棚**がその起源とされ、鎌倉時代の禅宗寺院の文物を飾る棚として完成された。棚の形態には違棚のほかに箱棚、西楼棚、仕切り棚など数多い。

- **書　　院**……床の間の脇の庭側に造り付けられる座敷飾り。禅僧の書斎で縁に張り出してつくられた**出文机**（だしふづくえ）がその起源である。書院の仕様には飾り台をもつ**付書院**（つけしょいん）と、飾り台のない略式の**平書院**がある。江戸時代以降は床、棚、書院のある座敷全体を書院と呼ぶようになった。**慈照寺東求堂**が現存する最古の書院である。
- **帳台構え**……床の間の違棚の右脇に設けられた座敷飾りの戸。寝殿造の塗籠を装飾化したもので、**納戸構え**とか**武者隠し**ともいう。

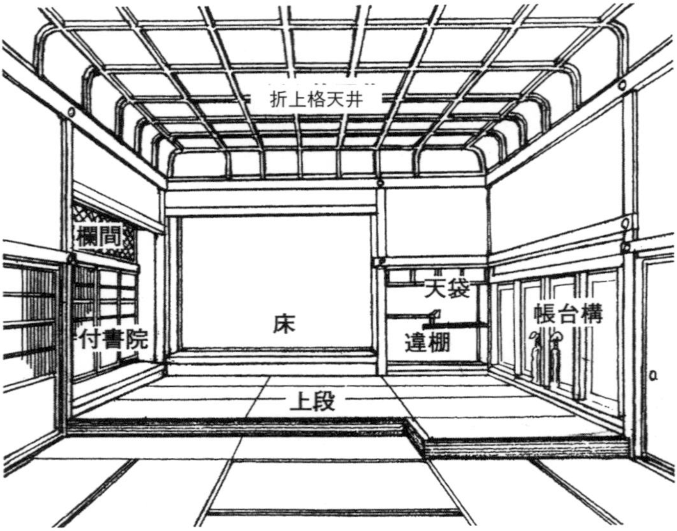

『インテリアコーディネーターハンドブック』インテリア産業協会より
図14-15 書院造内部（西本願寺白書院）

木割（きわり）

木造建築の各部分の寸法や大きさを決める規範をいう。近世初頭に形成された書院造の設計手法で、**木砕**（きくだき）とも呼ばれている。この原理は、現代でいうモジュラーコーディネーションの考え方と同じである。

- **柱　　割**（はしらわり）……柱の真々（しんしん）（芯々）間の距離を基準とするもので、一般に6尺5寸とする真々制が多い。柱割での畳の寸法は、用いられる柱の太さによって異なり一定ではない。
- **畳　　割**（たたみわり）……近世になり案出された木割で、畳の寸法を基準に各室の広さや柱の位置を決める**内法制**。畳の外側に柱を配置するもので、京間畳では6尺3寸×3尺1寸半の大きさを基準にしている。

14.8 数寄屋造

数寄屋造の特徴

草庵風の茶室の意匠を取り入れた住宅の様式をいう。面皮柱や土壁を用いた無装飾で格式にこだわらない意匠を特徴としている。代表的な建築物に**桂離宮**がある。数寄で自由な意匠の中には派手で華美な造りもあり、**西本願寺飛雲閣**や**金沢城成巽閣**などはその例として知られている。

・**棚・床**……とくに形式はなく、多様な棚意匠の中では桂離宮の桂棚や修学院離宮の霞棚が有名である。床の造作では床の中に書院、書院の中に棚が組み込まれて融合し多様な床回りになっている。

・**建具・欄間**……襖では型押しの唐紙張りを中心に、障子を組み込んだ**源氏襖**（P104、図11-2）や障子組子などに特徴が見られる。欄間では1枚板の透かし彫りや組子が取り入れられ、前述の棚や建具と同様、多様な意匠を集めた雛形本が発行されている。欄間の**遠州模様**や**光琳模様**、富嶽三十六景などはその代表的例である。

茶　室

中国から伝えられた喫茶の風習が千利休により日本独自の茶道として完成し、茶礼専一の空間としてつくられたのが茶室で、4畳半以下を小間、それを超えるものを広間といった。茶室で客の出入口をにじり口、亭主が点茶所作を行うところを**点前畳**（てまえ）、茶道具を置くところを道具畳という。

・**待庵**（たいあん）……1582年（天正10）に創建されたもっとも古い草庵茶室の遺構。外観は切妻、出廂（でひさし）、柿葺（こけらぶき）、内部は1間半四方の小間の数寄屋造である。

・**台目畳**（だいめだたみ）……一般に1畳の約3／4の長さをもつ**道具畳**。三台目畳とは本畳3畳に台目畳1畳をいう。

14.9 民 家 造

江戸時代中期になり経済力をもつ地方の名主クラスでは、各地方特有の民家を完成させた。それらの間取りの基本になったのは、台所や作業場としての土間、生活の中心となる居間である囲炉裏（いろり）の間、寝室の寝間、接客や家主のための座敷の奥の間を田の字型に配置したものであった。一方、町家では2階屋が普通になり、防火のための塗籠壁をもった塗屋造も多くなった。

・**合掌造**……梁の上に太い合掌材を組み合わせた屋根をもつもっとも古い民家形式で、岐阜県の白川郷はじめ飛騨地方の農家に多く見られた。

・**本棟造**……信州（長野）地方の農家に多い形式で、ゆるい勾配で広い間口をもつ妻入屋根に特徴がある。

・**中 門 造**……東北（秋田・山形）地方の農家の形式で、L型の間取りで突き出した部分に入口をもつ平面に特色がある。
・**曲 り 家**……岩手県南部の農家で、L型の間取りに馬屋をもつのが特徴。
・**兜　　造**……山形の養蚕農家や神奈川の一部に見られる茅葺の寄棟屋根をもつ形式。とくに、屋根の形が兜に似ていることが名の由来という。
・**大 和 棟**……奈良地方に多い茅葺農家の形式で、高塀造とも呼ばれる。両妻に飾りを付けた屋根に特徴がある。
・**く ど 造**……九州佐賀地方の農家の形式で、コの字型やロの字型の寄棟屋根に特徴がある。

第15章 人間工学

15.1 人間工学の領域

仕事や機械、道具などを人間の身体や心理面の特性と適合させる科学で、ヒューマンエンジニアリング［human engineering］とかエルゴノミックス［ergonomics］と呼ばれている。人体との接点としてのインテリアを計画するうえで、科学的なチェック手段として重要な要素である。

- **人体寸法**……人間工学の基本となる人体寸法には、人体そのものの静的人体寸法と、人間の動作と移動に必要な空間と人間とものとを組み合わせた動的人体寸法がある。
- **人体寸法の略算値**……身長を基準にした人体主要部位の換算に用いる数値。
- **人体各部の質量比**……椅座位と臥位における人体各部の重量概算比。
- **作業域・動作域**……作業のために身体を動かしたときの領域空間。机や作業台の水平作業面を水平作業域、腕を上下方向に動かしたときの垂直作業域、両方向を組み合わせた立体作業域がある。作業域のことを**動作域**という場合もある。
- **動作空間**……動作域にゆとりと家具や用具のスペースを加えた領域。
- **単位空間**……あるまとまった生活行為ができるように、動作空間をいくつか組み合わせた空間領域。

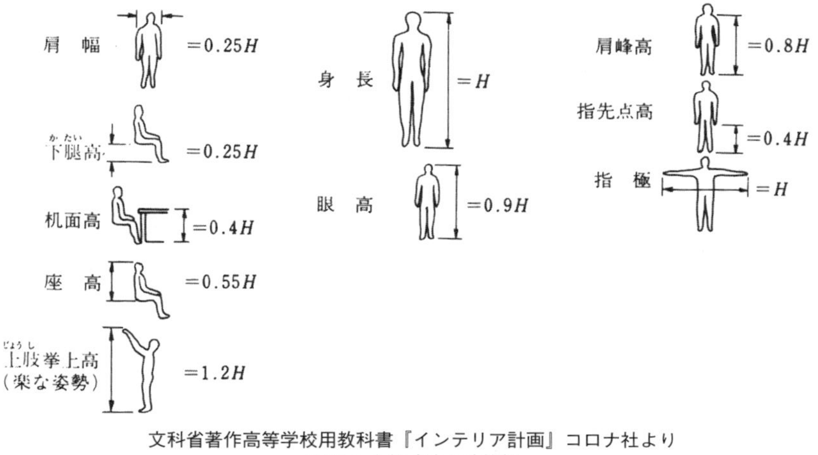

文科省著作高等学校用教科書『インテリア計画』コロナ社より
図15-1 人体寸法の略算値

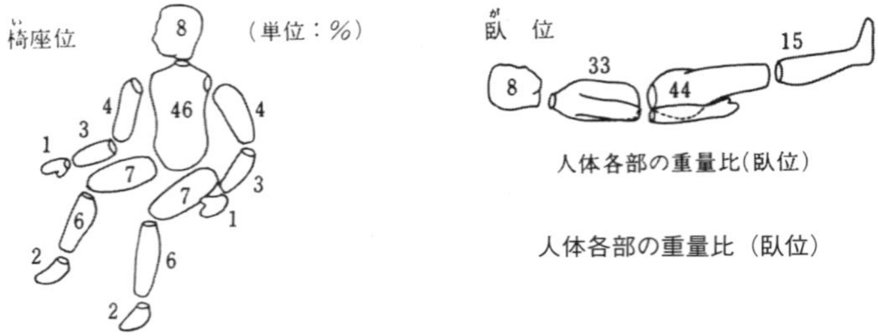

人体各部の質量比（椅座位）

人体各部の重量比（臥位）

文科省著作高等学校用教科書『インテリア計画』コロナ社より
図15-2 人体各部の質量比と重量比

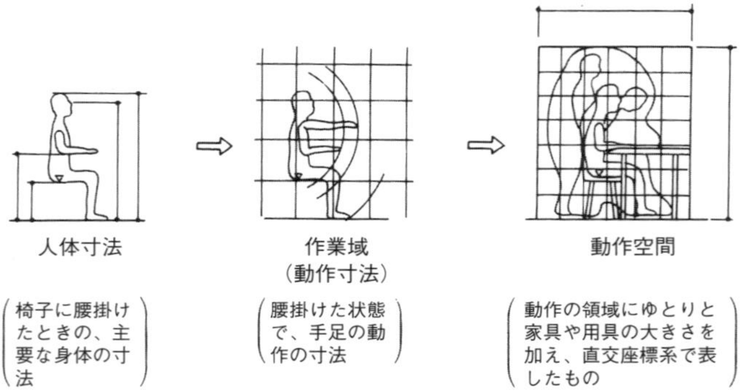

文科省著作高等学校用教科書『インテリア計画』コロナ社より
図15-3 動作空間の考え方

15.2 動作・行動特性

ポピュレーションステレオタイプ--

population stereo type

人間が無意識に行う動作・行動の傾向。同行動の特性は地域や民族、習慣などによって違いがある。道具の設計や機器の設置、とくに安全面に関する計画については十分な配慮が必要になる。

対人距離--

interpersonal distance

人が他人との関係において保とうとする距離で、エドワード・T.ホールは、親密な人間同士の密接距離、友人間の個体距離、個人的な関連のない人同士の社会距離、関わりのない人で一方的な伝達に用いる公衆距離の四つがあるとしている。

パーソナルスペース--

personal space

心理学者K.ソマーによる空間概念で、他人に侵すことのできない人間の身体の周囲にある空間概念をいう。同領域は性別、民族、文化や人間関係によって違いがあることが確かめられている。

ソシオペタル＆ソシオフーガル--

sociopetal & sociofugal

コミュニケーションをとりやすいような集合形を**ソシオペタル**、プライバシーを優先した離反の集合形を**ソシオフーガル**という。会議や団欒に見られる相互に向き合う対面式は前者、相互の間に距離を置いたり、身体の向きを反対にした図書館やホテルのロビーの椅子の配置は後者の例である。

15.3 椅子の人間工学

・**座骨結節点**……人間が椅子に腰掛けたときに接する上体を支持する骨盤座骨。人体系家具の機能的寸法の基準になる点で**座位基準点**ともいい、椅子の高さは床から同点までの垂直距離をいう。

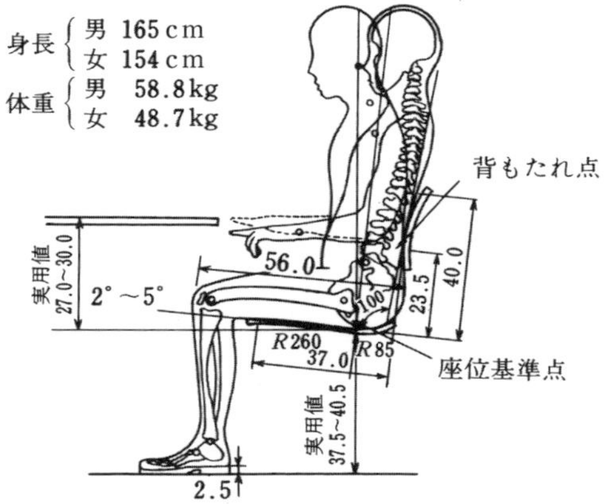

プロトタイプは休息度によってⅠ～Ⅴ型に分けられるが、この図に示したのは作業性の強いⅡ型である。学校用の椅子にはⅠ型が、事務用の椅子にはⅡ型が適している。
（単位：cm）

文科省著作高等学校用教科書『インテリア計画』コロナ社より
図15-4 座骨結節点

・**最終安定姿勢**……クッション性のある椅子やベッドで、使用時に沈み込んだ際の安定した姿勢やその状態をいう。とくに同姿勢における適切な寸法が、椅子の支持面の**プロトタイプ寸法**として重視されている。

・**差　　尺**……机の甲板面の高さと椅子の**座位基準点（座面高）**との垂直距離。人間工学的にいう机の高さは差尺のことをいい、床から甲板面までの総高をいうものではない。差尺は座骨結節点から肘の高さまでで座高の約1／3であるが、筆記作業時は同寸法より2～3 cm低い面が疲れにくく、作業能率がよいとされている。

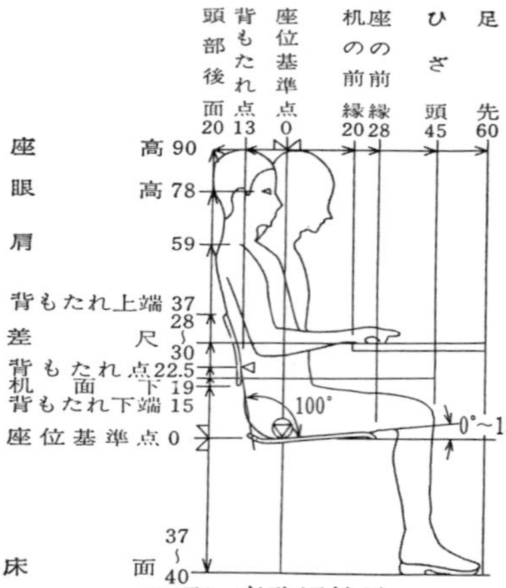

Ⅱ 型　事務用椅子

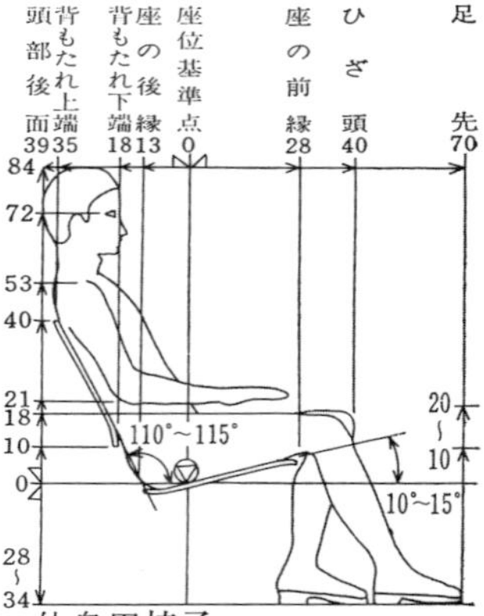

Ⅴ 型　休息用椅子

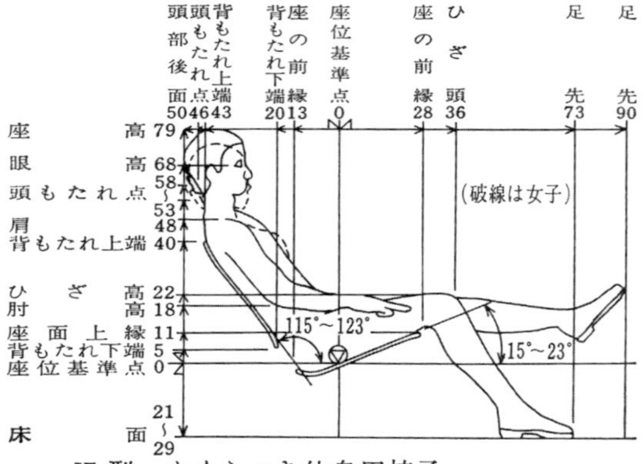

Ⅵ 型　まくらつき休息用椅子

文科省著作高等学校用教科書『インテリア計画』コロナ社より
図15-5 椅子の支持面のプロトタイプ（単位：mm）

第16章 インテリア計画

16.1 モジュラーコーディネーション

モジュール---
module

単位または比率。インテリア計画では空間構成材の単位寸法や寸法体系をいう。モジュールに基づいて空間の大きさや位置、構成材を調整することを**モジュラーコーディネーション**［modular coordination］という。

グリッドプランニング--
grid planning

グリッド（格子）による基準面に基づいて配置や設計を行うこと。基準寸法に制約を受けるが、プランニングに多様性が出る利点がある。

シングルグリッド--
single grid

等間隔で引いた碁盤目状の寸法押え図。とくにこのグリッドを構成材の中心線として設計するのを**芯押え**、同材の面として合わせて設計するのを**面押え**という。前者は関東間の柱割りの芯々制による設計が代表的例である。

ダブルグリッド---
double grid

構成材の厚さをあらかじめダブル線で引いた寸法押え図。内法寸法を基準にした同グリッドは、関西間の畳割りの内法制による設計がその代表的例である。

モジュール呼び寸法---
module nominal size

構成材基準面間の距離または領域の大きさを示す寸法をいう。

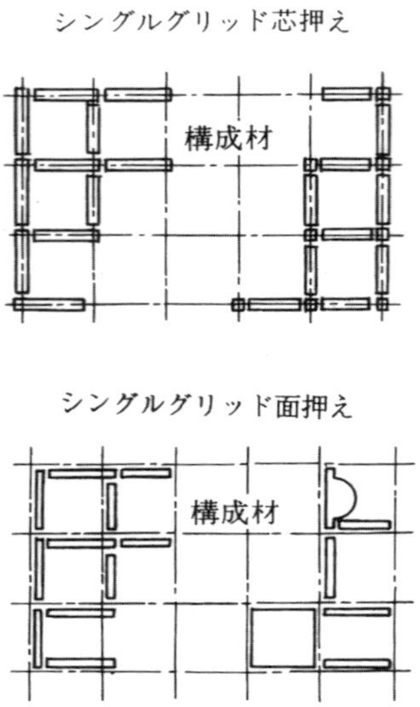

図16-1

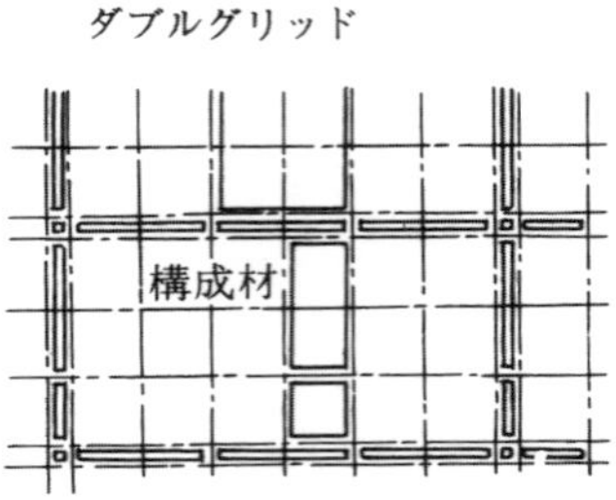

図16-2

16.2 ジョブコーディネーション

異なった構成材間の取合いや作業間の調整をジョブコーディネーション［job coordination］という。とくに実測データをもとにあらかじめ決められた誤差の標準を公差といい、公差の範囲内で許される誤差を許容誤差という。

第17章
造　形

17.1 形態と錯視

錯視・錯視図形--

視覚上の錯誤。物の形を実際と異なって知覚し誤認する現象をいう。錯視図形には、①角度・方向の錯視、②分割の錯視、③対比の錯視、④上方過大視、⑤水平・垂直の錯視、⑥反転図形などがある。

- ・ポッケンドルフの図形（b）……同一線状の直線がずれて見える。
- ・シェルナーの図形（c）……方向が異なる斜めの線の作用で平行線が曲って見える。
- ・ヘルムホルツの図形（d）……線の方向により正方形の大きさが違って見える。
- ・ミューラー・マイヤーの図形（f）……同じ長さの線が長短に見える。
- ・デルブウフの図形（i）……同じ大きさの円が違って見える。
- ・シュレーダーの階段（l）……図が反転して見える。多義図形ともいう。

ゲシュタルト心理学---

ドイツの知覚心理学。形の認識は周囲との関係で決まるという人間の知覚を説いた心理学で、図と背景となる地の関係を説いたルビンの壺はよく知られている。

- ・ルビンの壺……壺に見えたり人間の横顔に見えたりする反転図形。壺に見えるときは壺が図で横顔が地、横顔に見えるときは顔が図で壺が地になる。
- ・図 と 地……形を知覚するうえで背景になるものを地、背景から浮かび上がる対象物を図という。とくに図になりやすい条件には地の中で、1）囲まれたもの、2）中央を占めるもの、3）面積が小さいもの、4）明度が高いもの、5）異質なもの、6）群化しまとまっているもの、7）動いているもの、8）対称形のもの、9）凸形のもの、10）過去に図として知覚したもの、などがある。

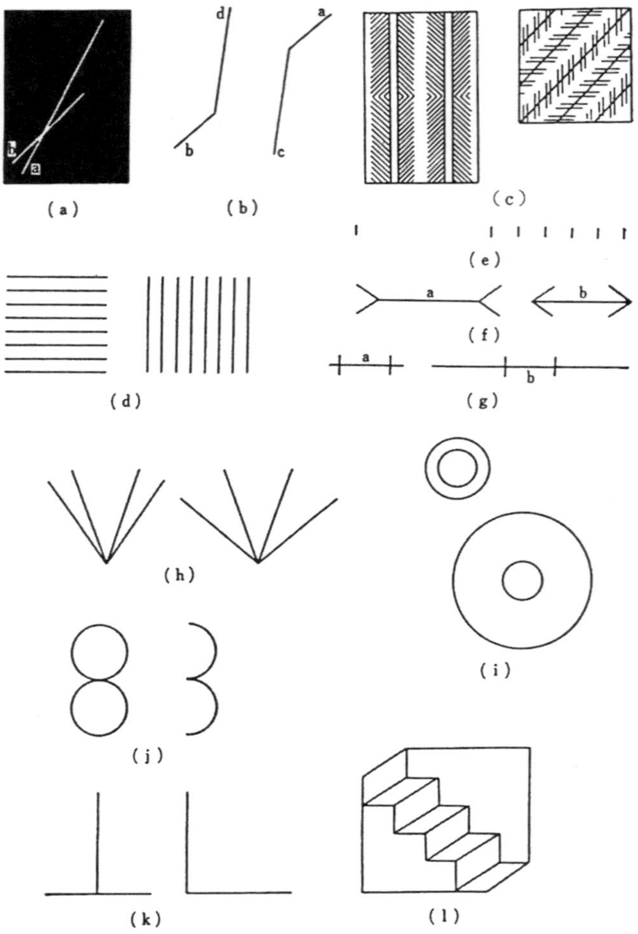

①角度・方向の錯視：（a）（b）（c）、②分割の錯視：（d）（e）（f）、③対比の錯視：（g）（h）（i）、④上方過大視：（j）、⑤水平・垂直の錯視：（k）、⑥反転図形：（l）
文科省著作高等学校用教科書『インテリア計画』コロナ社より
図17-1 錯視図形のいろいろ

文科省著作高等学校用教科書『インテリア計画』コロナ社より
図17-2 ルビンの壺

17.2 造形美の原理

・**統一と変化**［unity & variety］……構成の諸要素に一つのまとまった秩序を与えることを統一といい、秩序の中で多様性を感じさせることを変化という。統一の手法である要素が支配的役割を果たす関係を**支配**［dominance：ドミナンス］と呼ぶ。

・**調和**［harmony：ハーモニー］……構成要素が美的な秩序の中で融合されて快く感じられる状態であることをいう。調和には共通性の高い要素を組み合わせた**類似**と、差異性の高い要素を組み合わせた**対照**［contrast：コントラスト］がある。

・**均衡**［balance］……構成要素が視覚的に釣合いがとれている状態。とくに、同要素が中央の軸や点を境にして、均衡に対置している状態を**対称**［symmetry：シンメトリー］という。

・**比例**［proportion：プロポーション］……構成要素の全体と部分、部分と部分などの数量的比率関係をいう。比例関係がよいものは美しく感じる。代表的な比例関係には黄金比、ルート長方形、整数比などがある。

黄 金 比／ある二つの数A、BがA：B＝B：（A＋B）という連続した比をもつとき、これを黄金比という。A＝1とするとB≒1.618となる。短辺と長辺の比が黄金比をなす長方形を**黄金比矩形**といい、古代ギリシャ以来建築や絵画、工芸などに用いられた。

ルート長方形／短辺を1、長辺を$\sqrt{2}$、$\sqrt{3}$などの無理数とした長方形。とくに1：$\sqrt{2}$矩形は紙の規格にも利用されている。

整 数 比／1：2：3……、または2：3のように整数で構成された比率。

級 数 比／1：3：5……などのような**等差級数**や1：2：4……のような**等比級数**、1：2：3：5：8……のようなそれぞれの項が前の2項の和に等しい**フィボナッチ級数**、1：2：5：12……のように前項の数を2倍したものと前々項の数の和とした**ペルの級数**がある。級数のことを**数列**ともいう。

・**律動**［rhythm：リズム］……構成要素が一定の間隔で規則的に配列されること。リズムには、同一の要素が連続的に同じパターンで繰り返される反復による**リペティション**［repetition］、要素が段階的に変化しながら配列される**グラデーション**［gradation］、中心から放射状に外に広がる**ラディエーション**［radiation］などがある。

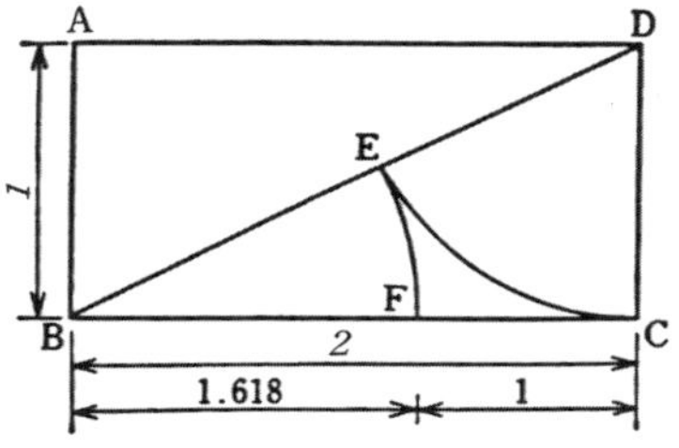

黄金比の求め方

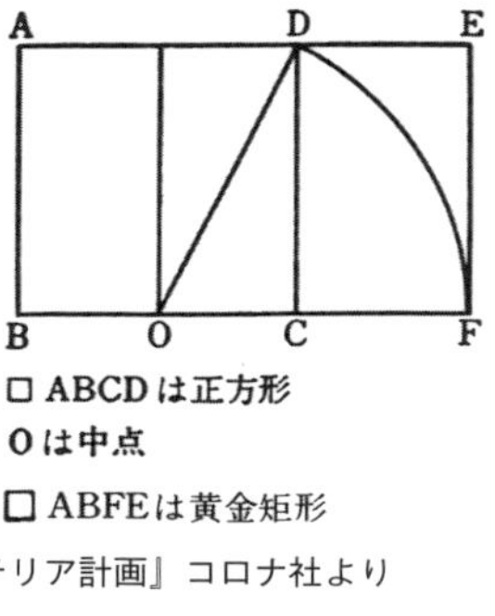

文科省著作高等学校用教科書『インテリア計画』コロナ社より
図17-3

等　差　数　列

［初項1，公差1］　1，2，3，4，5，6，7，……

［初項10，公差10］　10，20，30，40，50，60，70，……

フィボナッチの数列

フィボナッチの数列ϕ（n）は，

$$\phi(n)=\phi(n-1)+\phi(n-2)$$

で定義される．

［初項1，第2項2］　1，2，3，5，8，13，21，……

［隣り合う項の比］　$\frac{2}{1}$，$\frac{3}{2}$，$\frac{5}{3}$，$\frac{8}{5}$，$\frac{13}{8}$，$\cdots\rightarrow\frac{1+\sqrt{5}}{2}$（黄金比）

等　比　数　列

a．1を中心とした2倍系列

……，$\frac{1}{32}$，$\frac{1}{16}$，$\frac{1}{8}$，$\frac{1}{4}$，$\frac{1}{2}$，1，2，4，8，16，32，……

b．1を中心とした3倍系列

……，$\frac{1}{81}$，$\frac{1}{27}$，$\frac{1}{9}$，$\frac{1}{3}$，1，3，9，27，81，……

c．aの左側を小数になおしたもの

……，0.0625，0.125，0.25，0.5，1，2，4，8，16，32，……

d．cの位取りを無視して5倍系列を得る

……，625，125，25，5，1，2，4，8，16，32，……

文科省著作高等学校用教科書『インテリア計画』コロナ社より

図17-4

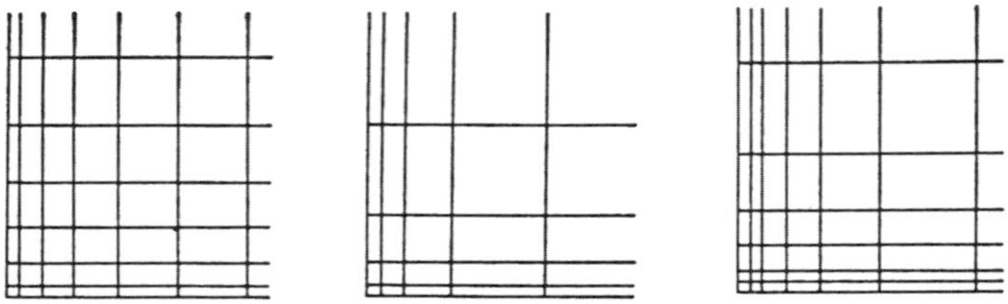

等差数列　　等比数列　　フィボナッチの数列

図17-5

17.3 装飾模様

装飾の技法で大きな役割をもつ模様は、民族、時代や地域により多種多様である。もっとも古い模様は自然の動植物、人間の形をモチーフにした自然的模様と、時代の精神や宗教、政治などを反映した図形的な幾何学模様があり、伝統的装飾模様として今日に残っているものも数多い。以下の図はその一例である。

麻の葉

七宝*

松皮びし

万字繋ぎ

市松**

青海波**

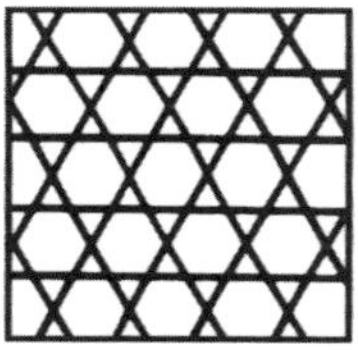
かご目

雷文

ゴシックのトレーサリーの幾何図形

アラベスク

『インテリアコーディネーターハンドブック』『インテリアコーディネーター資格試験』ともにインテリア産業協会、*印：「第23回インテリアコーディネーター資格試験問題」、**印：『インテリアコーディネーター資格試験問題集』井上書院より

図17-6

17.4 色彩の基礎

色の三属性

色彩のもつ色相、明度、彩度の各要素の総称。**色相**は赤、青、黄などの色合いの違い、**明度**は白、灰、黒といった明るさの度合い、**彩度**は濁った赤、鮮やかな赤といった色の鮮やかさの度合いをいう。

- **有彩色・無彩色**……色相、明度、彩度の三属性で体系化できる色を**有彩色**、明度のみで表すことのできる白、灰、黒を**無彩色**という。
- **純色・清色**……各色相の中でもっとも彩度が高い色を**純色**といい、純色に白または黒を加えた色を**清色**という。
- **原色・中間色**……他の色で混合したり、別の色に分解することができない色を**原色**という。原色以外の色が**中間色**である。色光の三原色は赤、緑、青、色料の三原色は黄、赤紫、青緑である。
- **色相環・色立体**……色相を波長の順に並べ、赤紫を赤と紫の間に加えて環状に配列したものを**色相環**という。**色立体**は三属性を系統的に配列し三次元の立体としたもので、色相環の中心の軸に白から黒への明度差を配列し、各色相の純色までの距離を彩度差とした。

表色系の種類

color system

色彩の表示体系の代表的なものにはマンセル表色系、オストワルト表色系、PCCS（日本色研配色体系）、CIE（国際照明委員会）表色系がある。

- **マンセル［Munsell］表色系**……アメリカのマンセルにより考案された表色の方法で、同表色系の数値を修正した修正マンセル表色系が工業規格（JIS）ほかにもっとも多く採用されている。赤、黄、緑、青、紫の五つの基本色相と、その間に五つの中間色相を加えた10色相を基本に、それぞれを10段階に区分した100色相が用いられている。表色の表示方法は有彩色では色相、明度、彩度の順に区分数値を付けて表す。赤は5R 4／15、ピンクは5R 8／3というのはその例。無彩色の場合はNの次に明度の数値を付ける。暗いグレーはN3、明るいグレーはN7というのはその例。
- **オストワルト［Ostwald］表色系**……ドイツのオストワルトにより考案された表色系。黄、橙、赤、紫、青、青緑、緑、黄緑の八つを基本色相にした24の色相に、白色量・黒色量・純色量を等比級数的に表したアルファベットで明度、彩度をそれぞれ表す方法をとっている。
- **PCCS（日本色研配色体系）**……日本色彩研究所が開発した色彩調和用の色体系。色料、色光の三原色や心理四原色を含む24の色相を基本に、9段階に区分した明度と彩度を用いている。とくに明度と彩度を合わせたトーン（色調）分類による表色で、色を色相とトーンの二属性で表現できることが特色である。
- **CIE表色系**……国際照明委員会により決められた表色系。色光の三原色の各刺激値ですべての色を表示したもので、一般にはxyの直角座標で表した色度図が用いられている。

マンセル色相環

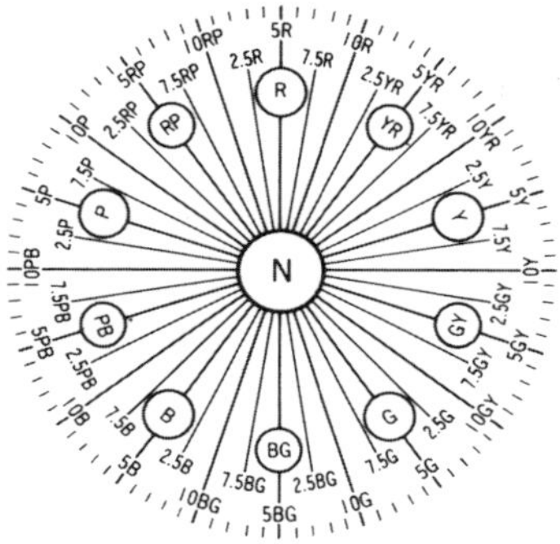

オストワルト色相環

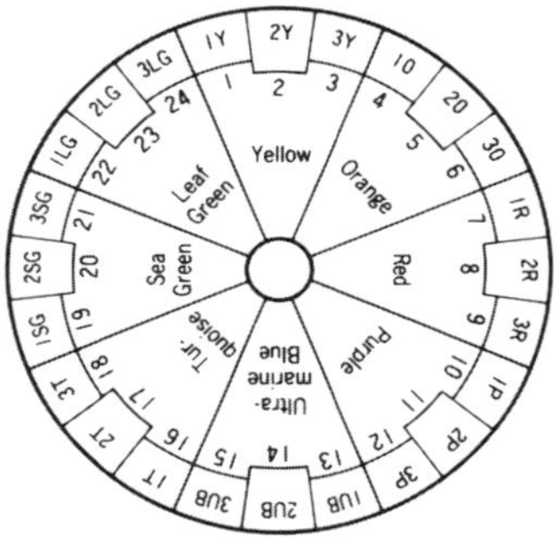

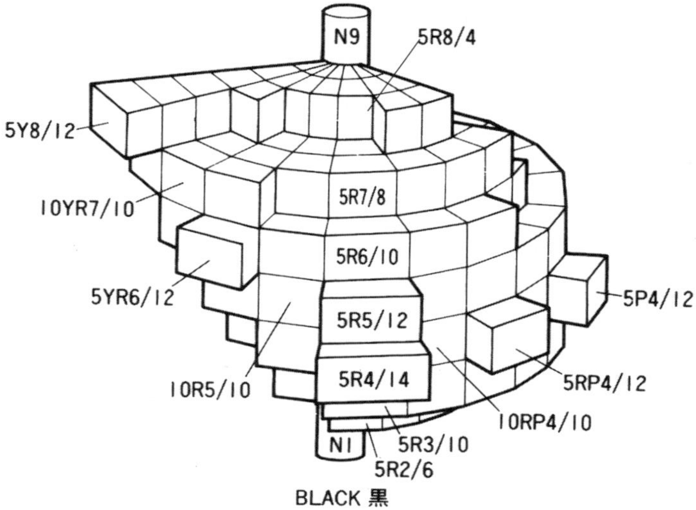

マンセル色立体

『インテリアコーディネーターハンドブック』（技術編）インテリア産業協会より

図17-7

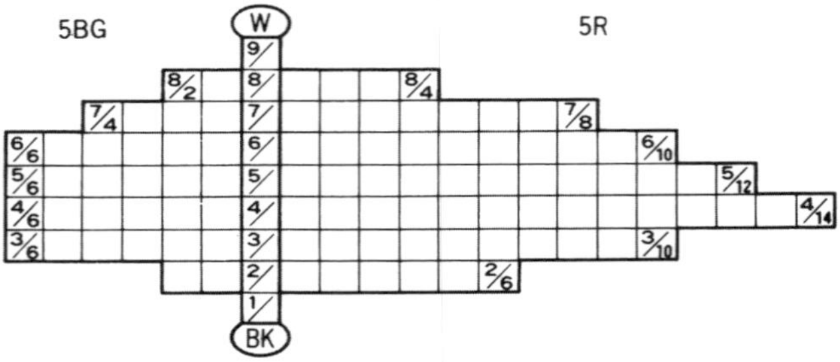

マンセル色立体縦断図

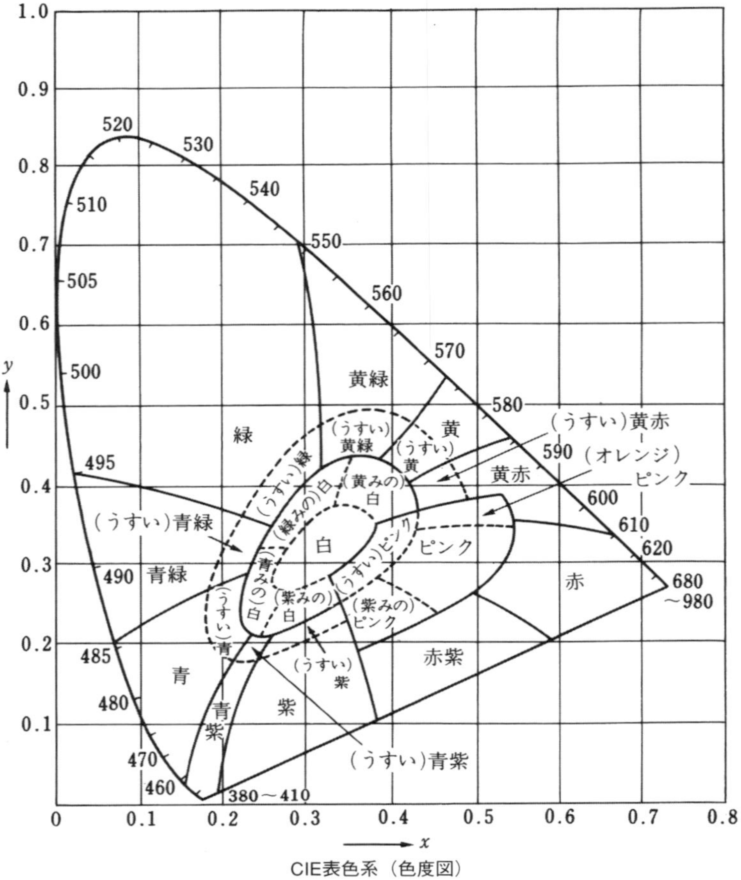

CIE表色系（色度図）

『インテリアコーディネーターハンドブック』（技術編）インテリア産業協会より

図17-8

色　　名

色と色名が固有に対応する色名固有色名や、一般に広く慣習的に使われてきた色名を**慣用色名**という。日本で古くから伝わっている慣用色名は**伝統色名**と呼ばれる。江戸紫色とか利休ねずみ色などはその例。系統的に分類された表色系によって付けられた色名を**系統色名**という。JIS系統色名や日本色研のPCCS系統色名がその例である。系統色名の中で基本になる色名を**基本色名**と呼ぶ。オストワルト表色系では黄、橙、赤、紫、青、青緑、緑、黄緑を基本色名にしている。

混　　色

- **加法混色**……2種類以上の色光が混ざり合って別の色光に見える現象で、とくに混合する成分が増えるほど明るくなる混色を加法混色という。混合することで多種多様な色をつくれる**赤**、**緑**、**青**の原色を色光の三原色という。
- **減法混色**……混合する成分が増えるほど暗くなる混色をいう。絵具や染料などがその例。同混色の原色の**赤紫**（マゼンタ）、**黄**（イエロー）、**青緑**（シアン）を減法混色の三原色という。
- **中間混色**……混ぜ合わせた色が中間の明るさになる混色。色を塗り分けたコマを回したときや織物、点描画などに見られる混色をいう。
- **補　　色**……二つの有彩色を混色して無彩色になるときの、二つの有彩色の関係を補色関係という。色相環で180度反対側に補色関係の色を並べたものを**補色色相環**と呼ぶ。マンセル色相環はその例の一つ。

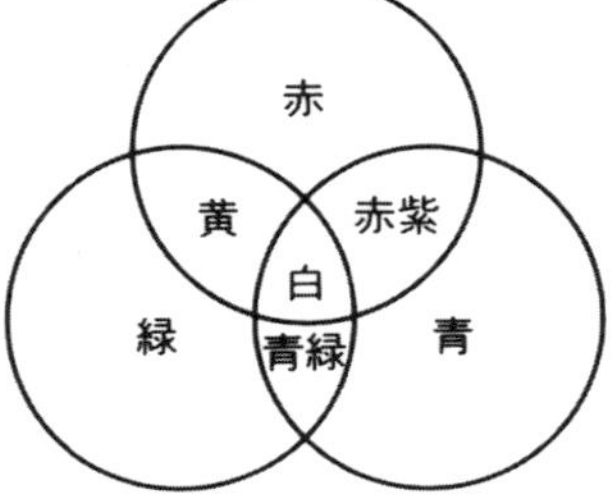

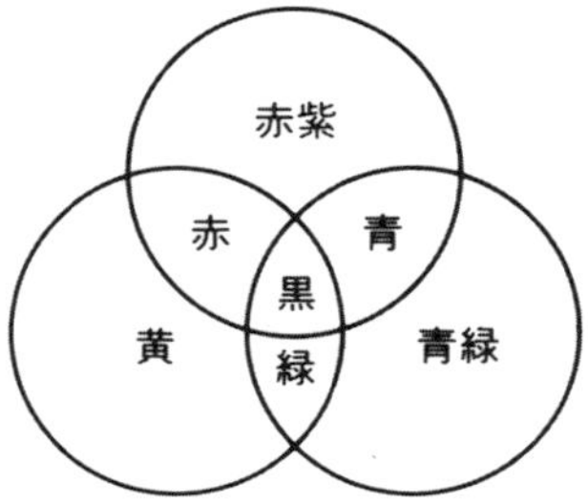

図17-9

色の対比と同化

2色以上の色が相互に影響しあって、その色の違いが強調されて見える現象を**対比**といい、ある色が囲まれた周囲の色に似て見える現象を同化という。

- **同時対比**……同時に対比する色を見るときに生じる現象には、色相差が実際より大きく見える**色相対比**、明度差が強調される**明度対比**、彩度差が強調される**彩度対比**、対比する色が補色関係にある場合に彩度が高く見える**補色対比**などがある。
- **継時対比**……ある色を見てから、すぐにほかの色を見たときに明度や彩度がより大きく感じられる現象。とくに、有彩色の場合ははじめに見た色相の**補色残像**の作用により、対比する色がより鮮やかに見える現象がある。緑を見た直後に赤を見ると、その赤がより鮮やかに見えるのはその例。

- **面積対比**……同じ明度や彩度の色でも、その色の面積の大小によって違って見える現象。面積が大きくなると、小さいものより明るく鮮やかに見えるために、小さなサンプルや見本帳でカーテンやカーペット、壁紙類を選択する際は十分に注意したい。
- **色の視認性**……目で色を認識する際の難易度の度合い。色はその背景となる色との色相、明度、彩度の格差が大きいほどはっきりと見える。

色の感情効果

- **暖色と寒色**……色相環の赤から橙系統の色は暖かさを感じる暖色、青を中心として青緑から青紫系統の色は冷たさを感じる寒色。中間の緑や紫は暖かさや冷たさを感じさせないため**中性色**という。
- **興奮色と沈静色**……暖色系は気持を高ぶらせる興奮色、寒色系は落ち着かせる沈静色。一般に彩度が高いほどその度合いは高くなる。
- **進出色と後退色**……暖色系、高明度、高彩度の色は膨張し実際より手前に見える進出色、寒色系、低明度、低彩度の色は収縮して実際より遠くに見える後退色である。
- **硬い色と柔らかい色**……低明度、高彩度の色は硬く、高明度、低彩度の色は柔らかく感じられる。柔らかいパステルカラーは後者の例。
- **派手な色と地味な色**……高明度、高彩度、色相では暖色系が派手に、低明度、低彩度、寒色系が地味に感じられる。
- **色の経時感**……暖色系で高彩度の色はそうでない色に比べ、時の経過が長く感じられる傾向がある。明度は高くても低くても長く感じる。

17.5 配色と調和

色どうしを意図的に組み合わせることを**配色**［color combination］という。とくに見る人に快い感じを与えるように組み合わせることを**色彩調和**［color harmony］と呼ぶ。また、形態や材質を含め総合的に配色を考えるのが**カラーコーディネート**［color coordinate］である。

- **色相調和**……明度や彩度が異なっても色相が同一である同一色相調和、色相が似ている類似色相調和、相対する色相どうしの対照色相調和がある。これらの関係を色相環上に表現したのが**ムーン**［P.Moon］と**スペンサー**［D.E.Spencer］の**調和論**による色相環上の調和関係図である。
- **明度と彩度調和**……色相が異なっても明度もしくは彩度を同一にしたり、類似にすることで調和をとることができる。図17-10は明度・彩度が異なった場合の同一、類似、対照の調和領域を表現した前述のムーン＆スペンサーの調和論による関係図である。

ムーン＆スペンサーの調和（色相環の調和）

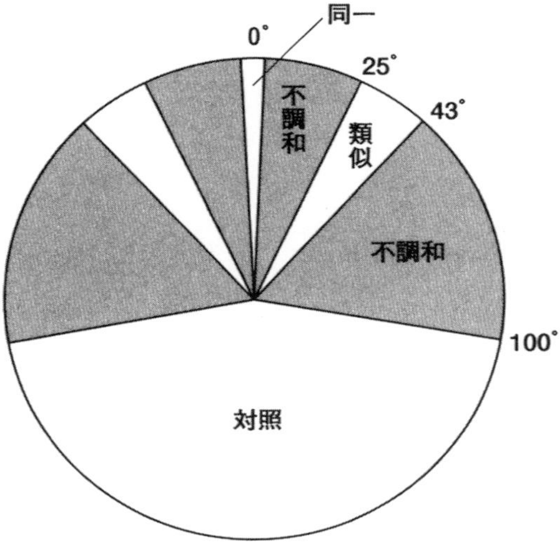

図17-10

ムーン＆スペンサーの調和（明度・彩度の調和）

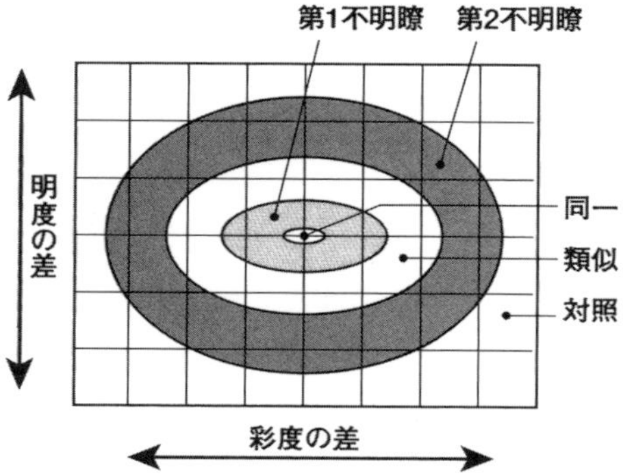

図17-11

配色の種類--

- **モノクローム［monochromatic］配色**……無色彩のみ、もしくは単一色相のみの配色で、モノトーンともいう。材質感が生かされる配色。
- **トーン・オン・トーン［tone on tone］**……色相を統一しトーンで変化を付ける配色で、**カマイユ［camaieu］配色**ともいう。逆にトーンを統一し、色相を変化させた配色を**トーン・イン・トーン［tone in tone］**と呼ぶ。

・トーナル［tonal］**配色**……低彩度多色配色。異なった色相どうしをグレーみのある低彩度で統一したもの。パステルトーンはその例。
・コントラスト［contrast］**配色**……色相の対照性を主体とした対照色配色。とくに補色色相による配色は**コンプリメンタリー［complementary］配色**という。

17.6 色彩計画

建物やインテリア、エレメントのデザインにおいて、用途や材質に基づき機能的で美しい配色効果を得られるように計画することを**色彩計画［color planning］**という。以下は、インテリアの色彩計画において用いられる同計画に関連する用語である。

・ドミナント［dominant］カラー……全体の色彩の中で支配的役割をもつ色調をいう。とくにインテリアでは、天井、壁、床の基調色が同カラーとなる場合が多い。
・ベース［base］カラー……天井、壁、床など面積の広い部分に使われる**基調色**をいう。一般に高明度、低彩度のトーンが用いられている。
・アソート［assort］カラー……室内の基調色を効果的に高めたり変化を付ける色彩で、配合色ともいう。カーテンや家具などに、基調色の高彩度や低明度の色彩を用いるのはその例。
・アクセント［accent］カラー……室内の色彩に変化や焦点をつくるための**強調色**。マットやクッションなどの小物に、基調色や配合色の純色や対照色（反対色）を用いるのはその例。
・セパレーション［separation］カラー……配色上、接し合う色どうしが不調和な場合に、その間に入れて2色間の関係を変化させる色彩で、**分離色**ともいう。同色には白やグレーの無彩色や、シルバーやゴールドの金属色が効果的である。

第18章 建築構造

18.1 木造構造

木造構法

木造構法には、伝統的な在来構法の**軸組構法**とツーバイフォー構法と呼ばれる枠組壁構法の**壁式構法**、部材を井桁に組む**組積式構法**などがある。

地業・基礎

建物を安全に支持するために、敷地の地盤を補強し整備する地固めのことを**地業**という。地業には割栗石を用いた割栗地業と杭を併用した杭打ち地業がある。建物の荷重を地盤に伝える建物の脚部を**基礎**という。基礎には建物の下部全面を基礎とする**べた基礎**と、壁や柱の下で底面を広げたフーチング［footing］を用いた**布基礎**（**連続フーチング基礎**ともいう）、荷重の小さいところで柱などで単一に設ける**独立基礎**（**独立フーチング基礎**）などがある。

軸組構法

伝統的な**在来構法**で、布基礎を土台に柱と桁、梁、胴差などの構架材で構成された軸組、屋根を支える小屋組、床を支える床組などからなる**架構式構法**をいう。

- **軸　　組**……柱や桁、梁、胴差、筋交などで構成された壁の骨組。軸組には和室の壁のように柱が表に見える**真壁**と、洋室のように柱を表に見せない**大壁**の別がある。
- **小 屋 組**……屋根の荷重を支え柱や壁に伝える骨組で、小屋梁の上で束(つか)を立てる**和小屋**と、梁や方杖などの部材を**トラス**［**truss：構成梁**］とする**洋小屋**の種類がある。洋小屋組は大スパンに有利で、規模の大きな木造建築やツーバイフォー構法に多用されている。
- **床　　組**……床の荷重を支持し土台や胴差に伝える骨組で、1階床用の**束立床**(つかだちゆか)のほかに、束のない2階床用の**単床**（**根太床**）、**複床**（**梁床**）、**組床**がある。

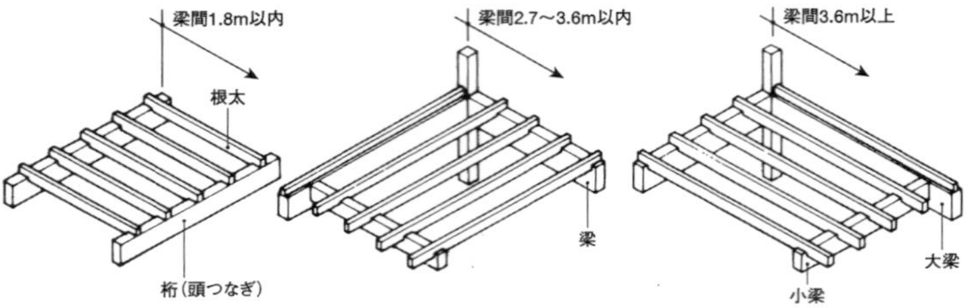

『インテリアコーディネーターハンドブック』（技術編）インテリア産業協会より
図18-1 床　　組

ツーバイフォー構法

two by four method

2×4インチの断面をもつ部材を中心にした枠組材を用いて、接合金物によって建てる構法で、**枠組壁構法**とも呼ばれている。前述の軸組構法に比べ、部材の種類が少なく、機能面では遮音性、断熱性に優れている。構造は土台、床枠組、壁枠組、天井枠組、屋根枠組に大きく分けられ、その組立施工においては在来構法のように熟練工を必要としないことを特徴としている。日本で普及している同構法の多くは、床面に剛性をもたせた**プラットホーム構法**［platform frame method］である。

18.2 鉄筋コンクリート構造

鉄筋の引張強度とコンクリートの圧縮力強度の各長所を組み合わせて、基礎、柱、梁、床、屋根を一体化したものを**鉄筋コンクリート構造**［RC：reinforced concrete］といい、耐火性、耐久性、耐震性に優れた特徴をもっている。同構造の短所としては、施工の良し悪しで性能が左右されやすく、工期が長いこと、移転や取壊しが難しいことなどである。また、断熱性が低いために、断熱処理を施すことも必要である。同構造には、柱と梁で構成されるラーメン構造や、荷重を壁で支える壁構造、梁を用いず床スラブで柱を支えるフラット・スラブ構造などの種類がある。

- **ラーメン構造**［rahmen structure］……主体となる柱や梁、各部の接点を外力で変化しない**剛接合**とした構造をいう。
- **壁構造**［bearing wall structure］……建物の荷重を壁で支える構造で、柱がないのが特徴。中低層住宅に適した構造として多用。
- **フラット・スラブ構造**［flat slab structure］……梁を用いず柱で直接スラブを保持

する構造で、**無梁スラブ**ともいう。スラブ（床版）に梁がないのが特徴。

・**配　　筋**……鉄筋から表面までのコンクリートの厚みを**かぶり厚**といい、同厚は厚いほど鉄筋の酸化を防止し、火災時の断熱効果が高くなる。同厚は一般に2 cm以上、耐力壁や柱、梁では3 cm以上とされている。鉄筋の接合部を強くすることを**定着**という。

・**鉄筋の種類**……主に用いる鉄筋には、主筋と同筋を帯状に巻いて固定する**帯筋**［hoop：フープ］がある。梁に用いる帯筋は**あばら筋**［stirrup：スターラップ］という。床スラブに用いる鉄筋には、主筋とその上に配筋する**配力筋**がある。壁には格子状に組む**単筋**と、壁芯をはさんで二重に配筋する**複筋**や、耐震壁の開口部の補強に用いる**補強筋**がある。

18.3 鉄骨構造

鉄骨構造［steel structure］は形鋼や鋼板、鋼管を主材とすることから、鋼構造とかS造とも呼ばれる。鉄筋コンクリート構造に比べ軽量で、大スパン構造や高層建築に適しているが、錆やすく500℃を超える高温や断熱性に弱いため、防錆、耐火、断熱の処理が必要である。同構造には、**ラーメン構造**や接合部をピン接合にした三角状の小屋組をもつ**トラス構造**、ドーム構造などがある。

18.4 鉄骨鉄筋コンクリート構造

柱や梁を鉄骨組とし、その周囲に鉄筋を配し型枠を組んでコンクリートを流して固めたものを**鉄骨鉄筋コンクリート構造**［steel framed reinforced concrete］といい、英語表記の頭文字をとって**SRC構造**ともいう。鉄骨造と鉄筋コンクリート造の特性を組み合わせ、耐火性、耐震性に富むため超高層建築物にも多用されている。

18.5 補強コンクリートブロック構造

中空のコンクリートブロックをモルタルで積み重ね、接合部に補強用の鉄筋を配筋して壁をつくる組積式構法の一つ。同構造は耐久性、耐火性に優れるが、柱がなく3階建て以下の建築が限界である。

・**帳　　壁**……荷重を受けない壁のことで、内部を区画する仕切り壁や高層ビルの外壁に多用される**カーテンウォール**［curtain wall］がその例。

18.6 壁構法

木造壁構法

在来構法の壁構法には、柱や梁を現して仕上げる**真壁**と、構造体にボードを張って柱や梁を見せずに仕上げる**大壁**の構法がある。近年では断熱材を壁体に入れることから、和風の住宅でも壁厚を確保するために外側を大壁にすることも多くなり、真壁は和室の内側だけに用いられるにすぎない。

・**湿式構法**……貫を通して小舞下地を組み、京壁や漆喰壁とする真壁や、ラスボード下地やワイヤラスにモルタル塗りやプラスター塗りとする大壁などで、仕上げを左官工事とする構法をいう。

・**乾式構法**……柱に取り付けた胴縁に、プラスター（石膏）ボードや合板を打ち付けて塗装やクロス張りとしたり、化粧合板を張り付けて仕上げる構法をいう。

枠組壁構法

工場で製作した主要部材を現場で組み立てる**ツーバイフォー構法**とも呼ばれる同構法は、床の上の枠に下地となる間柱（スタット）を立て、石膏ボード類を張って仕上げる乾式構法である。

鉄筋コンクリート壁構法

下地のコンクリート壁に胴縁を打ち付け、ラスボード類を張る木造下地ボード張りや、ボード類を直接、接着剤で張るボード直張り、壁に直接モルタルを塗りプラスターなどで仕上げる左官仕上げ、モルタルでタイルを張り付けるタイル張りなど、仕上げの方法は多種多様である。

その他の壁構法

・**RM［reinforced masonry］構法**……補強組積のRMブロックをそのまま仕上げとする打込み目地構法で、目地にモルタルを詰めないのが特徴。

・**カーテンウォール**……構造体の荷重を受けない外壁で、アルミやステンレスの金属系と、PCコンクリートパネルにタイルや石を打ち込んだコンクリート系があり、目地にシーリングを施す**クローズドジョイント**、レインバリアを用いた**オープンジョイント**の目地処理がある。

18.7 プレハブ構造

あらかじめ工場でつくられた各種の部材を現場で組み立てる方式を**プレハブ構造**［prefabrication］といい、主材となる材料から木質系、鉄骨系、コンクリート系に大別されている。

- **木質系プレハブ**……主要構造部に木質系材料を用いたもので、軸組構法のほかに床、壁、屋根をパネル化した壁式構造に属するパネル構法がある。とくに少ない部材で構造耐力や作業性のよいパネル構法が木質系プレハブの多くを占めている。
- **鉄骨系プレハブ**……柱や梁に軽量鉄骨を用いた構法で、プレハブ住宅の中ではもっとも多く利用されている。構法にはプランが自由な軸組構法、外周壁や軸組を耐力パネル化したパネル構法、現場での施工を少なくしたボックスユニット構法などがある。
- **コンクリート系プレハブ**……柱、梁、壁、床スラブなどをプレキャスト・コンクリートで成型したものを現場で組み立てる構法。同構法にも他と同じく軸組とパネルによる構法があり、中層住宅を中心に広く利用されている。

18.8 床構法

架構式床

基礎の上に根太や束、大引(おおびき)などの部材を架構して、床仕上げを施工する組床のことをいう。同床は弾力性や断熱性に優れ、床下に配管・配線が容易であるが、大きな荷重には無理があり、軋みや変形が生じやすい欠点がある。

非架構式床

コンクリート床など基礎の上に直接、仕上げ材を張ったり塗り仕上げとする**直床**で、過大な荷重に耐え、仕上げ材により耐水、耐油、その他の特性を付加することは容易であるが、架構式床に比べ弾力性や断熱性に劣る欠点がある。

18.9 天井構法

- **竿縁天井**……小屋組に吊木を取り付け野縁を付けて天井板を張り、回り縁や竿縁で固定したもっとも一般的な和室天井の構法をいう。とくに、天井下地が不要で天井板自体に張天や印天と呼ばれる化粧合板を用いるため、仕上げを施す必要がないのが特徴。
- **ボード張り天井**……木造下地では吊木、野縁、野縁受けを組んで石膏ボードや合板の下地板を打ち付け、クロス類や繊維板類を張って仕上げるもので、木造下地以外の鉄骨下地では、Tバーやクロスバーの天井下地を吊ボルトを用いて天井のインサートに取り付ける方法が用いられている。

第19章
構法・材料

19.1 インテリア構成材

機能的に一つのまとまりをもつ部品で、個々に規格化され、工場で生産されて流通の単位となるものをいう。構成材（部品）は、コンポーネントとユニットおよびシステムと大きく分けることができるが、とくに、共通に使える市場流通部品を**オープン部品**ということも多い。

・**ユニット［unit］**……コンポーネントをまとめたもので、建築空間の中ではルームサイズの大きさをいい、浴室ユニットなど人間の動く空間を含めた**スペースユニット**と、キッチンユニットなどのような機器や装備だけの**ウォールユニット**がある。とくにスペースユニットの中で、工場で一つの箱としてつくられるものを**キュービックタイプ**、現場で組み立てやすいようにあらかじめユニットを分解したものを**ノックダウンタイプ**という。

・**天井および床構成材**……構法からスタットや吊ボルトで支持する点支持式、根太やライナー、長尺パネルで支持する線支持式、パネル部材を用いた面支持式の方式がある。システムの中で床面を先行し間仕切りを床面で支えるものを**床勝ち・間仕切り負け**、壁面を先行し床面を後で加工するものを**床負け・間仕切り勝ち**という。とくに、後者は床の高さを部屋ごとに変えられるが、施工後の間仕切りの移動が難しくなる不便さがある。

・**間仕切りシステム**……スタットを立ててパネルを止めていくスタット式と、パネルをアジャスターボルトなどで上下を固定するパネル式がある。パネルには両面を仕上げたフルBEパネルと、片面仕上げで2枚を組み合わせるハーフBEパネルが用意されている。

・**収納間仕切りユニット**……帆立パネルや棚板を現場で組み立てるパネルタイプ、扉や引出しを付けたボックス型部材をそのまま現場で積み重ねるボックスタイプ、両方を組み合わせたパネルボックスタイプなどの構成方式がある。

・**浴室ユニット**……浴槽と床、腰壁を一つにまとめた洗場付き浴槽の**ハーフユニット**、天井、壁までを含めた**浴室ユニット**、同ユニットに便所、洗面の機能を付けた**サニタリーユニット**などがある。同ユニットには、あらかじめ工場で組み立てて現場に搬入する**キュービックタイプ**と、現場で組み立てる**ノックダウンタイプ**がある。とくに、前者にはFRP成型のものが多く、現場での据付けが簡単かつ短時間でできる利点がある反面、集合住宅で入口が狭い場合の設置や、部分的に改造するなどができないので注意したい。

19.2 造　作

躯体以外の木工事や造付け家具などの総称で、具体的には敷居や鴨居、長押、欄間などの開口部回りの**内法**や床の間、押入、幅木・回り縁・畳寄せ、カーテンボックスなどをいう。

内　法

本来は敷居の上面から鴨居の下面までの距離のことだが、和室の敷居、鴨居、長押、欄間などの開口部回りやその工事を指す。建具を建て込む敷居には摩擦に強い堅木を使って戸溝じゃくりを付けるが、同じゃくりのない無目敷居、指(さし)敷居などもある。開口部の上部に付ける鴨居は、柱の面取りの種類に対応して面ぞろのほかに小面の面内、大面の面内などの納まりがあるが、詳しくは省略する。鴨居に接して取り付ける長押や小壁の一部に格子や透かし彫り、障子などをはめ込んだ欄間には装飾的役割が大きい。

床の間

鎌倉時代の禅僧が仏画を鑑賞する際に、三具足を置いた押板床と座臥具の置床がその起源で、床の間の中心となる床の種類には、次に述べる本床(ほんどこ)のほかに、地板を用いた**踏込み床**や**蹴込み床**、小壁と落とし掛けだけの**釣り床**などと多種多様である。各部の名称については図19-1を参照。

・本　床……床の間に向かって右側に床脇、左側（庭側）に書院を配置したもので、床柱、落とし掛け、床地板、床框などで構成されている。

・床(とこ)　脇(わき)……天袋、違棚、地袋で構成されたもので、それぞれの前面と床柱との距離は柱幅の2～3倍程度で、その意匠は比較的自由である。

・書　院……禅僧の書斎である出文机がその起源で、小壁や書院格子、欄間を柱内で納めた**平書院**と、地袋を付けて書院格子などを外側に張り出させた**付書院**の種類がある。図19-1は後者の例。

幅木・回り縁・畳寄せ

幅木は壁と床の接する壁面に取り付ける壁の保護を目的とする見切り板のことで、壁面より出っ張る出幅木、引っ込める入幅木、同一面で目地を付けた幅木などの種類がある。**回り縁**は天井と壁との見切り縁のことで、真壁用、大壁用のほか、同縁を見せない隠し回り縁などの種類がある。**畳寄せ**は、真壁と畳との間に生じる隙間を埋めるための小片板のことをいう。

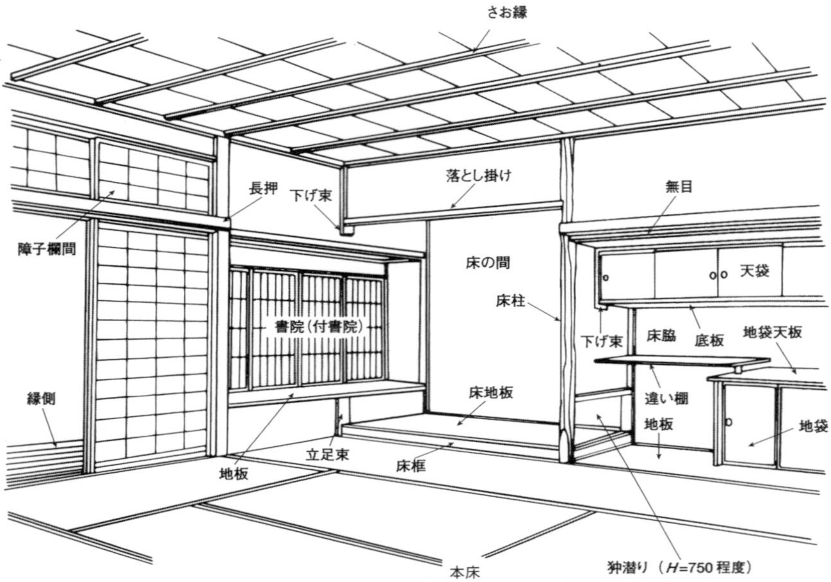

『インテリアコーディネーターハンドブック』インテリア産業協会より

図19-1

19.3 木　　材

木材［wood］にはスギ、マツ、ヒノキなどの**針葉樹**［conifer］とナラ、ケヤキ、ラワンなどの**広葉樹**［broad leaved tree］がある。前者は木造建築の構造材や化粧材に、後者は建築の造作材、合板材のほか家具・建具の用材として多用されている。

木取り（製材）

木材の丸太から板材や角材を製材することをいう。木取りの中で樹芯をもつ四方板目を**芯持材**（しんもち）といい、それ以外の樹芯を含まないものを**芯去材**（しんきり）という。芯持材は乾燥収縮で亀裂が生じやすいため、あらかじめ背面に割れをつくる**背割り**を施して柱や土台に、芯去材は根太や造作材に多用されている。

- **芯材・辺材**……木材の樹芯の赤みを帯びた部分を**芯材**または**赤身**といい、樹皮に近く赤みを含まない部分を**辺材**という。芯材は硬質で狂いが少なく耐久性に富むが、辺材は腐朽や虫害に弱く耐久性に欠ける欠点がある。
- **木裏**（きうら）**・木表**（きおもて）……板材で樹芯側、年輪の内側を**木裏**、樹皮側、年輪の外側を**木表**という。鴨居や敷居などの造作では、木表側に溝を付けて化粧面とする。
- **柾目・板目**……板材で木口方向から見て中心軸を含む半径方向の縦断面を**柾目**、中心軸を含まず接線方向の縦断面を**板目**という。

・**木理**（もくり）・**杢目**（もくめ）……木材を切断したときに見える年輪の模様を**木理**または**木目**という。とくに木理の中で装飾的価値のあるものを**杢目**または**杢**と呼ぶ。ブナやナラの柾目面に現れる縞状の**虎斑杢**や、ケヤキやクワに現れるボタン花模様の**牡丹杢**はその例である。

含水率

木材に含まれる水分には、細胞膜の中にある結合水（吸着水）とその他の自由水（遊離水）があり、乾燥により自由水が蒸発して結合水だけが存在する状態を**繊維飽和点**［FSP：fiber saturation point］といい、その含水率は**約30%**である。一般に木材の強度は、含水率が約30%以上では変化しないが、同率がそれ以下になれば比例的に増加する。

・**平衡含水率**……木材に含まれる結合水や自由水を乾燥させて、周囲の湿度と平衡とした**気乾状態**での含水率のことで、一般的には大気と平衡する**約15%**前後といわれる。乾燥時の収縮率を木材の方向別に見ると、繊維方向が0.1～0.3%、半径方向が2～6%、接線方向が5～12%である。

・**許容応力度**……木材の繊維方向への加力（圧縮、引張、曲げなど）に対する建築基準法施行令で定めた強度値をいう。同応力度には、地震や風荷重に対する**短期許容応力度**と、常時荷重に対する**長期許容応力度**があり、樹種ごとに各種の低減係数（安全率）を乗じたkg/cm^{2}が定められている。

・**木材の腐朽**……木材の腐朽の要因には適度な**温度**と**水分**、**養分**、**酸素**の4条件があり、腐朽の対策としてはこれらの条件の一つ以上を断つことである。

19.4 コンクリート

セメントと水、骨材（砂、砂利）および混和材料を調合、混練し一体硬化させたもので、建築材料としては、①圧縮強度が高く、②耐火、耐水性に富み、③自由な形状をつくれ、④廉価で手に入る、などの長所と、①引張強度に弱く、②硬化に日数を要す、などの短所をもっている。

セメント

cement

石灰岩と粘土を約4：1の割合で混ぜて粉砕し焼成したもので、水と混ぜると硬化し強度が増大する水硬性の性質がある。もっとも一般的な**ポルトランド**［portland］**セメント**のほかに、水密性や耐久性などを高めた**シリカ**［silica］**セメント**や高炉セメントなどの混合セメント、特定の性質を付加した超速硬セメントや化粧用セメント、アルミナセメントなどの特殊セメントの種類がある。

骨　　材

aggregate

セメントペースト（セメント＋水）に練り混ぜる砂、砂利、その他の粒状体の材料。コンクリートの体積の約70%を占める骨材には、普通骨材のほか、重量軽減を目的に比重を小さくした軽量骨材や砕砂、砕石、高炉スラブを用いた**人工軽量骨材**がある。

混和材料

admixture

コンクリートの性質改善のために混入されるセメント、骨材、水以外の材料。同材料にはフライアッシュやシリカヒュームなどの**混和材**と、ワーカビリティや凍害抵抗性を向上させる**AE剤**［air entraining agent］や減水剤などの**混和剤**がある。

ワーカビリティ

workability

コンクリート打込み作業性の難易差のことで、施工難度ともいう。とくにその要素になる水量の多少による流動性の度合いを**コンシステンシー**［consistency］という。

水セメント比

water-cement ratio

コンクリート中の水量（w）とセメント量（c）の重量比率（w÷c）。一般に同比が高くなるほど、セメントの圧縮強度は低下する性質がある。

プレストレストコンクリート

PC：prestressed cocrete

コンクリートの製作時に引張変形を与えた鋼線（PC鋼材）を入れて、コンクリートの引張応力や曲げ抵抗を増大するようにしたもので、床や屋根の**スラブ**［slab］や梁材に用いられている。

コンクリートブロック

concrete block

ブロック状に成型した空洞コンクリートで、かさ比重や圧縮強度により、A種、B種、C種、水密性により普通ブロックと防水ブロックに区分される。

軽量気泡コンクリート

ALC：autoclaved light weight concrete

高温、高圧で養生（オートクレーブ）し、内部に気泡をもたせた多孔質のコンクリートのことで、軽量で断熱性、耐火性に優れた特性をもっている。

19.5 鋼　　材

炭素鋼

carbon steel

炭素鋼にはスプリングやレールなどの炭素含有量0.5～0.6%の最硬鋼から、ブリキ板や薄板の炭素含有量0.12%以下の極軟鋼まで種類は多い。構造用合金鋼は炭素鋼に種々の元素を添加し、引張強度や耐衝撃、耐疲労性を高くした合金鋼である。

・**形　　鋼**……鉄骨構造に用いられる構造用鋼材で、JIS規格により品質や形状、寸法が定められ、一般にはその断面形状により山形鋼、H形鋼、溝形鋼などと呼称されている。

・**鋼板・鋼管**……軟鋼を原料とする鋼板には、厚さ3mm以上の厚板と同未満の薄板がある。磨き鋼板と呼ばれるのは冷間圧延による鋼板である。中空形で軽量の鋼管には、継目なしの鋼管と継目を溶接した溶接鋼管がある。

・**軽量形鋼**……薄鋼板の冷間ロール成型による形鋼で、サッシや構造補助材に多用。形状により山形鋼、Z形鋼などの呼称がある。

・**デッキプレート［deck plate］**……鋼板を冷間ロール成型した波状の板で、鋼構造の床や屋根材、下地材として多用。とくに同プレートの板厚を薄くして軽量化したものを**キーストンプレート［keystone plate］**と呼ぶ。

・**メタルラス［metal lath］**……薄鋼板を網状に加工したもので、モルタル下地材として用いる。コンクリートの補強や床下地に用いる厚手のものを**エキスパンドメタル［expanded metal］**という。

19.6 特殊機能材料

断熱材料

thermal insulating material

断熱材料には、熱伝導率の低い材質が選ばれる。もっとも熱伝導率が低いものは空気で、乾燥時においての熱伝導率は0.022W/m・K、同率が高いのは金属材料でとくに鋼板の同率は45W/m・Kである。一般に使用される建材の熱伝導率を比較すると次のようになる。

空気＜ウレタンフォーム＜ガラス繊維＝軟質繊維板＜石膏ボード＜コンクリート

・**ロックウール［rock wool］**……岩石を高熱で溶解し、高圧蒸気などで繊維状に吹き付けたもので、岩綿ともいう。耐熱性、耐火性に優れた特性から、両面をメタルラスにはさんで成型したり、ボード状の保温板として断熱材に多用されている。

・**グラスウール［glass wool］**……溶解ガラスを繊維状にし、フェルトやボードに成型したもので、不燃性で断熱、吸音に優れた特性から各種の断熱材やダクトの保温・保冷材として多用されている。

- **インシュレーションボード［insulation board］**……パルプなどの植物繊維を主材にする軟質繊維板で、断熱性、吸音性に優れた特質から、断熱建材として多用されている。同ボードは、JIS規格によりA級とA級より質的に劣るB級の等級が定められている。
- **発泡プラスチック［plastic foam］**……合成樹脂に発泡剤を混ぜたもので、ポリウレタンフォームはその代表例。燃焼時に有害なガスを発生する欠点がある。断熱材としては、発泡ポリスチレンや硬質発泡ポリウレタンがその主力になっている。
- **アルミ箔［aluminium leaf］**……熱線を反射させることで断熱性をもたせたもので、前述のロックウールやグラスウールと組み合わせて用いられている。

吸音材料--

sound absorbing material

吸音効果の高い材料は、一般に摩擦抵抗の高い繊維質や多孔質の材料である。

- **グラスウールとロックウール**……繊維状のものと多孔質の吸音板として成型したものがあり、天井や壁面に多用されている。
- **有孔吸音板**……合板や石膏ボードに孔をあけたもので、低音域の吸音に効果がある施工においては、同板の裏側に高音域に有効な繊維質の吸音材を入れるとよい。表面に虫食い状に孔をあけた吸音石膏ボードは、集合住宅やオフィスビルの天井仕上げ材として広く使用されている。

防水材料--

waterproofing material

- **アスファルト防水［asphalt waterproof］**……アスファルトを用いた防水工法には、ストレートアスファルトに酸素を吹き込んだ**ブローンアスファルト［blown asphalt］**を主材に、繊維にアスファルトを含浸させた**アスファルトフェルト**、フェルトの両面にブローンアスファルトを被覆した**アスファルトルーフィング［asphalt roofing：防水紙］**などの補強材が用いられる。
- **モルタル防水［mortar waterproof］**……モルタルに塩化カルシウムなどを主原料とした防水剤を混練し融和させたものを用いたり、モルタル表面に珪酸を含むビニル樹脂の防水剤を塗布して防水層の被覆をつくる工法をいう。液状合成ゴムや樹脂を直接塗布することを**塗膜防水**と呼ぶ。
- **シート防水［sheet waterproof］**……合成ゴムや合成樹脂を主原料にした防水布を、接着剤で張り付けて防水層とする工法をいう。

接着材料--

adhesive material

- **酢酸ビニル樹脂接着剤**……酢酸ビニルを乳化重合させたエマルション［emulsion］

型は熱可塑性で耐熱性、耐火性に欠けるが接着強度があり、耐衝撃性に優れた接着剤としてもっとも多く使用されている。市販のボンド類は同型である。固形分が多い溶剤型は木質系から発泡ウレタン、ビニル床タイルなどの接着にも使用されている。

- **エポキシ樹脂接着剤**……もっとも接着強度に優れた2液混合型の接着剤で、金属、石材、タイルにも使用されている。
- **尿素・メラミン系樹脂接着剤**……尿素にメラミン樹脂を重結合させた熱硬化性の接着剤で、接着強度、耐熱性に優れた特性からテーブル甲板の突板接着や合板の接着に多用されている。
- **ゴム系接着剤**……クロロプレン系とニトリル系は初期接着力が大きく耐水性、耐熱性に優れた接着剤としてゴム系床タイル、ビニル樹脂シート、グラスウールなどに使用、ほかにSBRゴム系がある。

19.7 複合新素材

WPC

wood plastics composite

木質材料とビニル系モノマーを複合化した合成樹脂強化複合木材で、硬度が高く、耐摩耗性に優れた**改良木材**として、フローリング材を中心に広く利用されている。

無機系人造木材

inorganic artificial wood

ガラス繊維、珪酸カルシウム、高分子有機化合物などの複合化による複合木材で、防火性、寸法安定性、加工性などに優れた特性を生かし、不燃化が要求される建築の内装造作材としての活用が期待されている。

CFRC

carbon fiber reinforced concrete

炭素繊維強化コンクリート。曲げ強度や引張強度に弱いコンクリートを補強し、かつ軽量化を図るために耐アルカリ性の炭素繊維を混入したもので、高層ビルの外壁や劣化したコンクリートの補強に利用されている。

CFRP

carbon fiber reinforced plastic

炭素繊維強化プラスチック。炭素繊維でプラスチックを補強し、耐衝撃性や耐疲労性を高めた複合プラスチックで、スキー板や小型船舶のボディ素材などに用いられている。

GFRP

glass fiber reinforced plastic

ガラス繊維強化プラスチック。ガラス繊維でプラスチックを補強した複合プラスチックで、単にFRPと略称されている。椅子のシェルやバスタブなどの構造用材として多用されている。

GFRC

glass fiber reinforced cement

ガラス繊維強化セメント。前述のCFRCと同様な目的で、酸化ジルコニウム含有の耐アルカリ性ガラス繊維を補強材とした複合セメント（またはコンクリート）である。同製品のコンクリートは、普通コンクリートの3～7倍の曲げ強度や引張強度があり、さらに衝撃強度も高くなる。

NFM

new fiber mesh

ガラス繊維、カーボン（炭素）繊維、アラミド繊維などをメッシュ状に編んで、熱硬化性樹脂で固めたもので、**プラスチック筋**とも呼ばれている。鉄の1／10の軽量で、強度は数倍も高く、鉄筋に代わる錆の心配のない素材として注目されている。

第20章
環境工学

20.1 熱

伝導・対流・放射

熱の移動（伝達）は一般に高温部から低温部へ、伝導、対流、放射（輻射）が組み合わされて行われる。固体内部での熱の移動を**伝導**、空気や水の流体内での移動を**対流**、高温部から低温部へ空間を透過して熱（電磁波）が移動することを**放射**または**輻射**という。

熱伝導率

物質が伝導によって伝える熱の度合いを示す指標で、単位はW（ワット）/m・K（ケルビン）で数値が大きいほど熱をよく伝える物質である。木材1に対しアルミニウムは1,000以上になる。このことは熱伝導率が低い木材のほうが、外気温をよく遮断するということを意味する。

熱貫流率・熱貫流抵抗値

熱貫流率は構成部材全体の熱の通しやすさを示す尺度。単位はW/m^2・K。**熱貫流抵抗値**は熱の通しにくさを示す値で、単位は逆数のm^2・K/Wである。

熱 容 量

物の温度を1℃上昇させるのに必要な熱カロリーで、単位はkcal/℃。コンクリートが鉄に比較して暖めにくく冷めにくいのは熱容量が大きいためである。熱容量の大きな材料と断熱材を用いた熱的性能の高い建築物は、外気温の影響を受けにくいために室温を保ちやすくなる。

日射侵入率

窓面に入射する全日射熱量に対する室内に入る熱量の割合をいう。全開した窓を100％とした場合、同率は6mmガラス板で約80％、6mmガラス板の内側にブラインドを使用すると約50％、開いた窓にカーテンを吊るすと約30％になる。

20.2 湿　　度

絶対湿度

absolute humidity

気温に関係なく空気中に含まれる水蒸気の量で、とくに1kgの乾燥空気で計測する質量絶対湿度、1kgの空気中で計測する容積絶対湿度がある。

相対湿度

relative humidity

一定気温の空気が含みうる最大限の水蒸気量（飽和水蒸気圧という）に対する現在の水蒸気量の割合をいう。同湿度のことを関係湿度ともいい、室温と湿度の関係を中心に空気の状態をグラフにした図を**湿り空気線図**、または**空気線図**と呼ぶ。同図は空気調和設計の際の重要な基礎資料になっている。

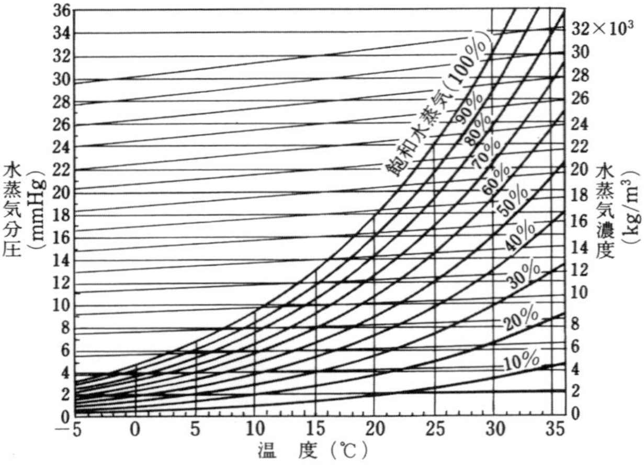

『インテリアコーディネーター小事典』日刊工業新聞社より
図20-1

結露・露点温度

dew point・dew point temperature

ある湿度を含んだ空気が同空気の飽和水蒸気量に達し、余った水蒸気が凝縮して水滴として現れたのが**結露**で、飽和状態になり結露が生じるときの温度を**露点温度**という。

有効温度

ET：effective temperature

ある温度、湿度、気流の組合せで感じる体感温度を線図として表現したもので、ヤグローの**有効温度（ET）**という。同温度に輻射（放射）熱の効果を加えたものが**修正有効温度（CET）**、体表からの失熱量や着衣状態を考慮したものが**新有効温度**（ASHRAE：アメリカ空調学会）である。

不快指数

discomfort index

アメリカのJ.F.ボーゼンにより考案された温度と湿度の組合せで感じる人間の快適度を示す指数。計算式は（乾球温度＋湿球温度）×0.76＋40.6で、わが国では指数が85以上で全員が不快に感じ、70以下ですがすがしさを感じるとされている。

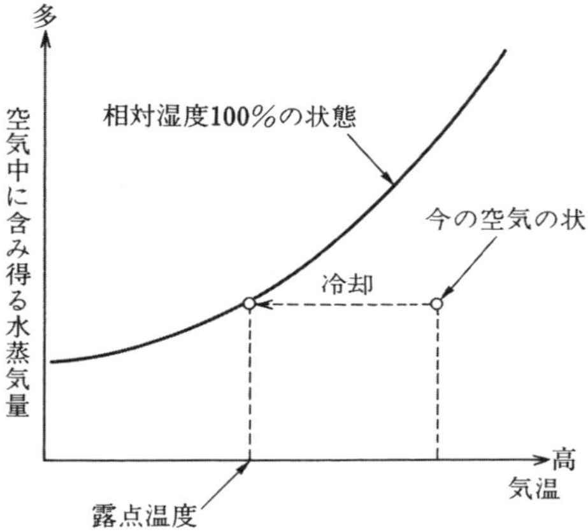

図20-2 露点温度

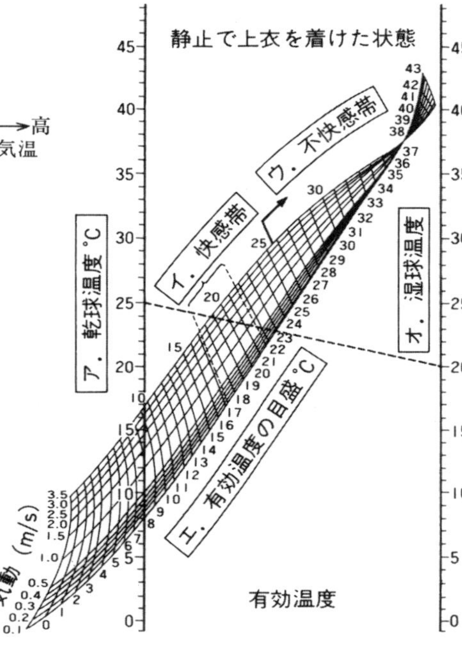

文科省著作高等学校用教科書『インテリア計画』コロナ社

図20-3 有効温度

20.3 換気・通風

換　　気

室内の汚染空気を排出し、外気の新鮮な空気を取り入れること。自然の温度差や気圧差を利用する**自然換気**と、換気扇を用いる人工的な**機械換気**がある。

自然換気量

気圧差を利用する場合の換気量は、ほぼ開口部の開放面積と外気風速に比例し、温度差を利用する場合の換気量は、開放面積のほか、給気口と排気口の高さの差の平方根と内外温度差の平方根に比例する。

炭酸ガス濃度

室内空気の汚染状態を示す目安としての**炭酸ガス**（CO_2）の一般の場合の**最大許容濃度**は、**0.1％**（1,000ppm）である。同ガスそのものが人体に害を与える生理的有害限度は5％を超える場合とされている。

必要換気量

在室者1人当り毎時**30m³**を目安とし、1時間当りの換気量を室の容積で割った換気回数では6畳間に2人在室で2回／時を基準とする。気密性の高い鉄筋コンクリートの住宅での自然換気は**0.5回**／時以上が必要で、意識的に換気を心掛けることが必要である。とくに冬期、開放型燃焼器具を用いる場合は、発熱量1.16kWh（1,000kcal）当り**10m³**以上（ただし建築基準法では**40m³**以上）の換気量が必要とされている。

通　　風

室内に風を導くことは、室内の余分な湿気を取り去り乾燥させることで、木部などの腐敗を防ぐだけでなく、人体の体温調節のうえからも重要な役割を果たしている。建築基準法で、居室の床下に除湿のための換気口（通風孔）の設置、もしくは床下にコンクリートの防湿措置を義務付けているのは、建物の湿気による害を少なくするためである。

24時間換気

改正建築基準法において、新築および改築の住宅のすべての居室は換気量**0.5回**／時の**弱運転による24時間換気**が義務付けられた。ただし、大風量強運転が必要な浴室やトイレなどのスイッチ付きのものと兼用はできない。点検時のみOFFの操作ができるスイッチ付きの24時間換気（弱）運転装置に、人の出入り時に強運動にもなるように人感センサーを付けたものも開発されている。

20.4 音環境

音の属性

音のエネルギーの大きさを示す場合は、単位時間に単位面積を通過するエネルギー量W/m^{2}で示すが、一般には同単位の対数のデシベル（dB）が用いられる。高さを示す単位は1秒間に振動する回数の周波数（ヘルツ〈Hz〉）、耳への聞こえ方・感度は音色で示す。とくに、周波数ごとの同じ大きさに聞こえる音圧レベルをグラフにしたものを**等ラウドネス曲線**という。

騒　音

聞く人にとって不快で不必要な音。騒音の音圧レベルは騒音計の測定値（**ホン[phon]**）で表す。**室内許容騒音レベル**では、一般に50ホン以上になると騒音を感じ、40ホン以下ではとくに気にならなくなる。普通会話で50ホン、電車の中で80ホンぐらいである。

遮　音

遮音性能を示す透過損失デシベルは、一般に壁の単位面積当りの質量が大きいものほど大きくなるが、穴があいている場合には同性能は著しく低下する。共同住宅の隣戸間の界壁の遮音性能については、建築基準法で基準が定められている。

吸音・吸音率

入射した音のエネルギーに対し、その物が吸収したエネルギーの比率を吸音率といい、同率の高い材料を吸音材料という。畳やカーテン、カーペットなど、表面が柔らかく多孔質なものがその例である。音楽や会話を楽しむには、適度に音を吸収するように吸音率の高い材料を用いることが必要である。

残響・残響時間

音と音が重なり合って響くことを残響という。残響の指標である残響時間は、音を止めて音圧レベルが60デシベルに下がるまでの秒数で示される。音楽ホールの同時間は1～2秒、一般住宅では普通0.5秒以下である。

20.5 光環境

日照時間・日照量

建物の開口部に直接日光が当たる時間をいう。同時間がもっとも短い冬至の日の4時間が、その基準指標として用いられている。単位面積当りに建物が受ける1

日の直達日射量を**終日（全日）日射量**という。また、建物の日影図を作成するのに用いられているものに**日影曲線**がある。

天空光・全天空照度

直接光以外の晴天時の空気散乱光と、曇天時の雲による散乱光を**天空光**という。天空光による地上の水平照度が**全天空照度**であり、同照度は一般に快晴時より薄曇時のほうが明るく高くなる特徴がある。

昼光率

全天空照度に対する室内のある点の水平照度の割合をいう。昼光率は天空の広さの水平面への投影面積に比例するため、同率を高めるには窓を広くし、高い位置、とくに天窓を設けると効果的である。

第21章 表現技法

21.1 インテリアの図面

平 面 図

間取り、構造、設備、建具から家具配置まで、その位置や寸法、仕様などを表示した図面で、設計から施工・監理までのもっとも基本になる図面をいう。とくに、図面に記入する文字や記号については**製図総則**（JIS Z 8310～18）や**製図通則**（JIS A 0150）で決められているものを用いなければならない。一般に住宅の平面図は1／50と1／100の縮尺を基準に、床面から1mの高さの位置での平断図で示すことになっている。

- **展 開 図**……室内の壁面を立面図的に表示した図面。室内の中央に立って四面を時計回りの順に描くのが基本で、壁仕上げ、建具の内法高や形状、造作家具などを中心に、スイッチやコンセント、水栓、その他の位置を明示する。
- **天井伏図**……天井を見上げた状態で平面図と同じ向きで表した図面。天井仕上げの形状や仕様、回り縁などの造作、照明器具の位置や穴あけの指示などを表示する。
- **仕上表・仕様書**……仕上表は床、幅木、壁、天井の仕上げ材を各部屋ごとにまとめて表にしたもの。仕様書は使用する材料や部品のメーカー名や品番など、図面で表現できない事項をまとめて記したもので、仕上表の内容を確認するうえで重要な文書である。
- **建 具 表**……必要な建具の番号、姿図、見込み寸法、取付け場所、材料、仕上げなどをリスト化したもの。ガラスや施錠方式、開閉方法などについても、できるだけ詳しく表示しておくことが望ましい。
- **家 具 図**……家具図面は第1角法で、正面図、側面図、平面図を1／10の縮尺でまとめて描くが、造付け家具の場合では建築物との取り合い部分を拡大して詳細に表示することも多い。
- **矩計（かなばかり）図**……建物の縦方向の断面図。天井高、床高など縦寸法と部材の位置関係と下地の形状を1／20や1／30の縮尺で描いたもの。
- **設 備 図**……住宅の設備図には電灯コンセント、電話、テレビ、スイッチ類の配置と配線を表示する電機設備図、給水給湯栓や排水、ガス栓などの位置と配管系統を表示する給排水設備図、衛生設備図、換気空調設備図、冷暖房設備図などがあり、いくつかの設備をまとめて図面化する例が多い。

表21-1 平面表示記号（JIS A 0150より）

出入口一般 	引込み戸 	片開き窓 
両開きとびら 	雨戸 	引違い窓 
片開きとびら 	網戸 	格子付き窓 
自由とびら 	シャッター 	網窓 
回転とびら 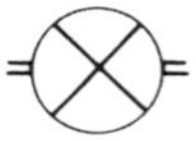	両開き防火戸および防火壁 	シャッター付き窓 
折畳戸 	窓一般 	階段昇り表示 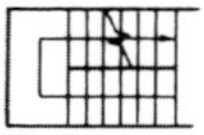
伸縮間仕切（材質および様式記入） 	はめごろし窓 回転窓 すべり出し窓 突出し窓 （開閉方法記入） 	
引違い戸	上げ下げ窓 	
片引き戸 	両開き窓 	

表21-2　屋内配線用図記号（JIS C 0303より）

電　　灯

一般の天井灯	
コードペンダント	
はとめ	
レセプタクル	Ⓡ
シーリングライトまたは直付け	CL
チェーンペンダント	CP
パイプペンダント	Ⓟ
シャンデリヤ	CH
埋込器具	
けい光灯	
壁灯	壁側を塗る
非常用照明灯	
不滅または非常用壁灯	壁側を塗る
屋外灯	

コンセント

一般の壁付きコンセント	壁側を塗る
2口の壁付きコンセント	2
3極の壁付きコンセント	3P
アース付きのコンセント	E
防水形の壁付きコンセント	WP

点　滅　器

点滅器	
3路スイッチ	3

電　気　機　器

扇風機・換気扇	
電動機	Ⓜ
ルームエアコンディショナー	RC

拡声装置・インターホン・呼出装置

スピーカー	
電話機形インターホン（親・子）	ⓣ ⓣ
拡声インターホン（親・子）	
壁付き押しボタン	壁側を塗る
ベル・ブザー・チャイム	

テレビジョン

テレビジョンアンテナ	
2分岐器	
2分配器	
直列ユニット 300Ω	

表21-3 材料構造表示記号（JIS A 0150より）

表示事項 ＼ 縮尺程度別による区分	縮尺$\frac{1}{100}$または$\frac{1}{200}$程度の場合	縮尺$\frac{1}{20}$または$\frac{1}{50}$程度の場合（縮尺$\frac{1}{100}$または$\frac{1}{200}$程度の場合でも用いてもよい。）	現寸および縮尺$\frac{1}{2}$または$\frac{1}{5}$程度の場合（縮尺$\frac{1}{20}$，$\frac{1}{50}$，$\frac{1}{100}$または$\frac{1}{200}$程度の場合でも用いてもよい。）
壁　一　般			
コンクリート及び鉄筋コンクリート			
軽量壁一般			
普通ブロック壁 軽量ブロック壁		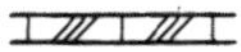 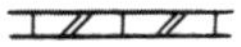	実形をかいて材料名を記入する
鉄　骨			
木材及び木造壁	真壁造 管柱 片ふた柱 通柱  真壁造 管柱 片ふた柱 通柱  大壁 管柱 間柱 通柱  （柱を区別しない場合） 	化粧材 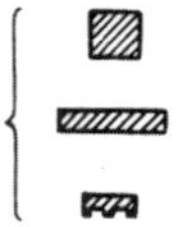 構造材  補助構造材 	  化粧材（年輪または木目を記入する）  構造材  補助構造材 合板 
地　盤			

表21-3（つづき）材料構造表示記号（JIS A 0150より）

縮尺程度別による区分 / 表示事項	縮尺$\frac{1}{100}$または$\frac{1}{200}$程度の場合	縮尺$\frac{1}{20}$または$\frac{1}{50}$程度の場合（縮尺$\frac{1}{100}$または$\frac{1}{200}$程度の場合でも用いてもよい。）	現寸および縮尺$\frac{1}{2}$または$\frac{1}{5}$程度の場合（縮尺$\frac{1}{20}$, $\frac{1}{50}$, $\frac{1}{100}$または$\frac{1}{200}$程度の場合でも用いてもよい。）
割　栗		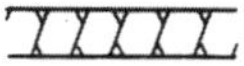	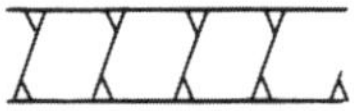
砂利砂		 材料名を記入する。	 材料名を記入する。
石材またはぎ石		 石材名またはぎ石名を記入する。	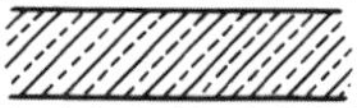 石材名 または ぎ石名を記入する。
左官仕上		 材料名および仕上の種類を記入する。	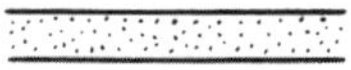 材料名および仕上の種類を記入する。
畳			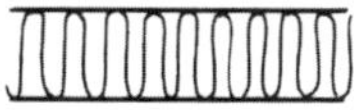
保音吸音材		 材料名を記入する。	 材料名を記入する。
網		材料名を記入する。	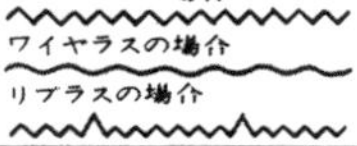
板ガラス			
タイル又はテラコッタ		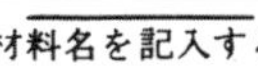 材料名を記入する。  材料名を記入する。	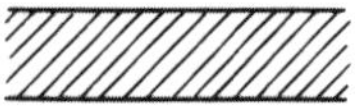
その他の材料		輪郭をかいて材料名を記入する。	輪郭または実形をかいて材料名を記入する。

21.2 透視図・図法

透視図

同じ大きさのものでも遠くのものは小さく見え、遠ざかる平行線は間隔が狭まって、やがて1点になる（消点：VP）という原理を作図法にして、平面上に遠近感や立体感を表現したものを**透視図**［perspective］という。透視図を描く図法には、消点の取り方により1点消点の平行透視図法、2点消点の有角透視図法、3点消点の斜透視図法などの種類がある。

- **平行透視図法**……対象物を正面から見て描くもので、画面から遠ざかる平行線を延長すると一つの消点に集まるため**1消点図法**ともいう。消点が図面上に置かれるため作図が容易で、室内の透視図としてもっとも多く利用されている。
- **有角透視図法**……対象物を画面に対し角度をもたせて描くもので、奥行だけでなく左右方向にも遠近を表現し立体感をもたせた図法。とくに、消点が図面のHL（水平線）上に2点あるため**2消点図法**とも呼ばれる。平行透視より立体感があり、建物の外観の透視図に多用されるが、作図が複雑で消点間の距離が近いと不自然な図形になりやすいので注意が必要である。
- **斜透視図法**……対象物を画面に対し斜め方向に角度をもたせて描くもので、前後左右だけでなく上下（高低）方向にも遠近を表現する図法で、建築物を上空から見た感じからバードアイとか**鳥瞰図**ともいう。同図法では高さが強調されがちで、インテリアの図法にはほとんど使用されることはない。同図法を**3消点図法**ともいう。

投影図

立体の対象物を平面の画面の立面図（正面図）、平面図、側面図などに置いて投影し表現したもの。平面図を立面図の基線の下に描く**第1角法**は建築図面に、同図を立面図の基線の上に描く**第3角法**は家具の設計図面に用いる正投影図である。

軸測投影図

対象物の三つの面が同時に見えるように、画面に対し等しい角度または不等角に傾けて投影する手法で、前者は等角投影法、後者は不等角投影法と呼ばれる。一つの投影図で立体的な表現が可能で、室内全体の鳥瞰図的な図を容易に作図できるのが特徴である。同図法のことを**アクソノメトリック**［axonometric］ともいう。

- **等角投影法**……対象物の2面を、基線に対しそれぞれ等しい角度（30度）に傾けて表すもので、**アイソメトリック**［isometric］とも呼ばれている。同図法では縦、横、高さがすべて同一の縮尺で描きやすい。
- **不等角投影法**……対象物の2面を、基線に対しそれぞれ異なった角度に傾けて投影したもので、**トリメトリック**［trimetric］と呼ばれている。
- **斜投影法**……平面図を基線に平行とし、他の奥行は45度の角度で実長の1／2で表現したもの。とくに1面だけを強調して表現できるのが特徴で、キャビネット図とも呼ばれている。

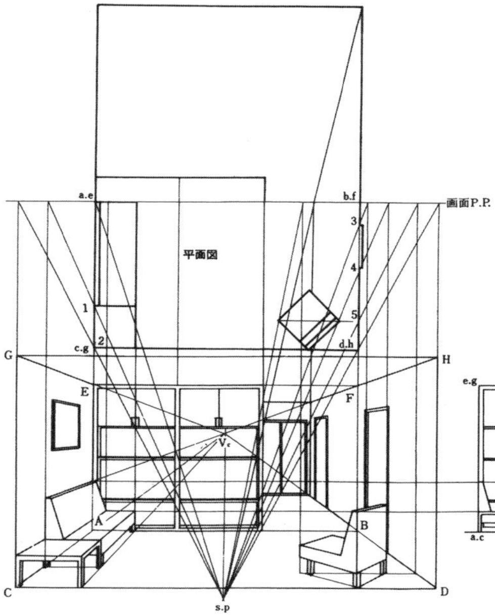

文科省著作高等学校用教科書『インテリア製図』コロナ社より
図21-1 平行透視図

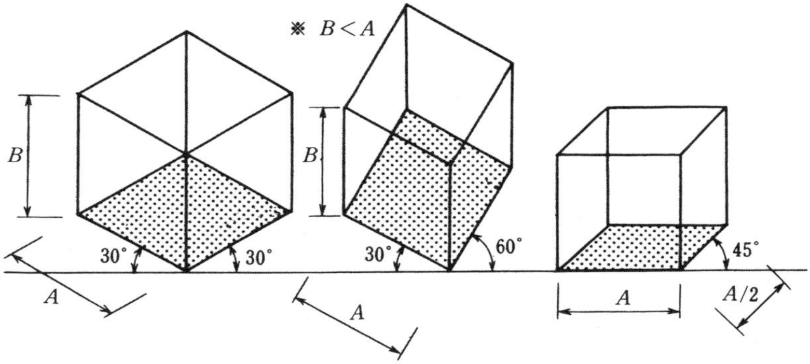

図21-2

第22章
関連法規

22.1 建築基準法

「建築物の敷地、構造、設備および用途に関する最低の基準を定めて、国民の生命、健康および財産の保護を図る」ことを目的に定められた法律。同法では、建築物に関して守らなければならない最低限の技術的基準を定めている。

単体規定

建築基準法で定めた全国同一適用規定。建築物の安全や衛生に関するもので、敷地の安全・衛生、建築物の一般構造および強度、防火、居室の採光・換気などの規定がある。

集団規定

都市計画区域内だけに適用される建築基準法の規定。道路と敷地、建築物の面積・高さ、建蔽率、容積率、日影規制などの規定をいう。

居室（法2条4）

居住、執務、作業、集会、娯楽などの目的のために継続的に使用する室をいう。住宅における玄関、廊下、便所、洗面所、脱衣室、納戸、車庫などは同法でいう居室ではない。居室には環境衛生の面から、日照・採光、換気、天井高、床の高さなどに関し、守るべき最低限の基準が定められている。

耐火構造（法2条7）

鉄筋コンクリート造、レンガ造など、火災の際に一定の時間、燃焼しない耐火性能をもつ構造をいう。

防火構造（法2条8）

鉄鋼モルタル塗、漆喰塗など、隣接建築物や内部での延焼を一定程度防止できる防火性能をもつ構造をいう。

耐火建築物（法2条9）

主要構造物を耐火構造とした建築物で、外壁の開口部で延焼の恐れのある部分に政令で定める構造の防火戸、その他の防火設備のあるものをいう。

簡易耐火建築物（法2条9）

耐火建築物以外の建築物で、外壁が耐火構造かつ屋根が不燃材料または柱と梁が不燃材料で、そのほかが準不燃材料以上の不燃構造のものをいう。

確認申請（法6条）

建築主が建築主事に、建築計画の内容についての確認を求めるための手続きをいう。とくに都市計画区域内では、すべての建築物がその対象になる。ただし、防火地域、準防火地域以外での10m²以下の増築や改築についての同申請は不要である。

建築工事届・工事完了届

建築主が10m²を超える建築物を建築する際に、その旨を都道府県知事に届け出る書類が建築工事届、確認申請を必要とした建築の工事が完了した日から4日以内に建築主事に届け出る書類が工事完了届である。工事完了届が提出されると4日以内に検査が行われ、法令に適合している場合に**検査済証**が交付される。

居室に関する法的規制

- **日照（法29条）**……居室のうち少なくとも1室以上は、年間を通じて太陽の直射（日照）を受けられること。開口部を南側または東・西側にとる必要がある。
- **採光（法28条1）**……住宅の居室では、採光に有効な窓または開口部を**床面積の1／7以上**必要とする。天窓の場合はその窓面積は**3倍**の面積があるとして計算する。襖や障子などで仕切られた2室は、1室として見なすことができる。
- **換気（法28条2）**……すべての住宅の居室には、その**床面積の1／20以上**の換気に有効な窓や換気口などの開口部を設けるか、換気設備を設けなければならない。換気に有効な面積は、引違い窓では窓面積の1／2として計算する。襖や障子で常時開放できる2室は、1室として床面積を考えるのは採光と同様である。

  改正建築基準法により、新築および改築の住宅のすべての居室は、弱運転による24時間換気が義務付けられた（第20章環境工学、換気・通風の項参照）。
- **天井高（法21条1）**……居室の天井の高さは**最低2.1m以上**とする。1室で天井高が異なる場合は、平均の高さがその部屋の高さである。
- **床高（法22条）**……最下階の居室の床が木造の場合、直下の地面からその床の上面まで45cm以上とし、壁の長さ5m以内ごとに面積300cm²以上の床下換気孔を設けなければならない。ただし、床下をコンクリートで覆うなどの防湿上有効な処理をすれば、この限りではない。
- **地下の居室（法30条）**……居室を地下（地階）に設けることは禁止されているが、前面にドライエリア（空堀）がある場合には差し支えないとしている。

階段の寸法（令23～26）

共同住宅の共用階段を除く住宅の階段は、**幅75 cm以上で蹴上げ23 cm以下、踏面15 cm以上**とし、側壁がない場合には手すりを設けなければならない。ただし、ベランダの手すりを除き内階段の手すりに関する寸法の規定はない。

内装制限（法35条2）

出火防止と初期火災の拡大および有害な発煙防止を図るための建物の居室ほかの天井および壁の内装材に関する規則。内装制限を受ける特殊建築物などの天井および壁は、準不燃材や不燃材などの定められた防火性能を有するものを使用しなければならない。

- **住宅の内装制限**……主要構造物を耐火構造としたものを除き、**階数2以上の住宅の最上階以外の階**に火を使用する設備・器具を設けた場所の天井および壁は、準不燃以上のものを使用しなければならない。
- **LDKの内装制限**……火を使用するキッチン（K）と一体のダイニング（D）やリビング（L）は、その間に天井から**50 cm以上**の下方に出た不燃材の垂れ壁がない場合、天井および壁のすべてがその対象となる。
- **防火壁装材料**……内装制限を受ける室での壁紙は、防火性能をもつ下地との組合せで一定の防火性能が定められている。不燃性能と認められる組合せには、不燃下地に防火1級検定の壁紙または1級の織物壁紙および無機質壁紙を用いた場合のみである。

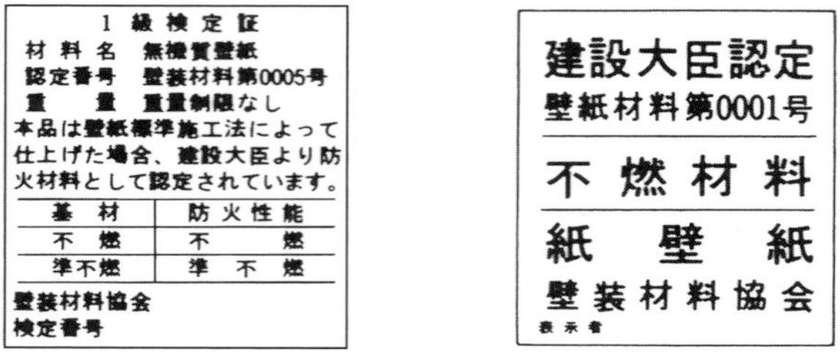

図22-1

表22-1 内装制限等一覧

<table>
<tr><th colspan="3" rowspan="2">区　分</th><th colspan="3">対象となる規模等</th><th colspan="2">制限箇所</th></tr>
<tr><th>耐火建築物</th><th>簡易耐火建築物</th><th>その他の建築物</th><th>居室等</th><th>通路・階段等</th></tr>
<tr><td rowspan="5">1 特殊建築物</td><td>(1)</td><td>劇場、映画館、演芸場、観覧場、公会堂、集会場</td><td>客席の床面積の合計が400m^{2}以上</td><td colspan="2">客席の床面積の合計が100m^{2}以上</td><td rowspan="3">天井が準不燃材料以上 ただし、3階以上の階に居室を有するものは、難燃以上（天井・壁）</td><td rowspan="3">準不燃材料以上（天井・壁）</td></tr>
<tr><td>(2)</td><td>病院、ホテル、旅館、下宿、共同住宅、寄宿舎、養老院、児童福祉施設等</td><td>3階以上の部分の合計が300m^{2}以上（100m^2［共同住宅の住戸にあっては200m^2］以内に防火区画されたものは除く）</td><td>2階の部分の床面積の合計が300m^{2}以上（病院、診療所はその部分に患者の収容施設がある場合に限る）</td><td>床面積の合計が200m^{2}以上</td></tr>
<tr><td>(3)</td><td>百貨店、マーケット、展示場、キャバレー、カフェー、ナイトクラブ、バー、舞踏場、遊技場、公衆浴場、待合、料理店、飲食店、物品販売業を営む店舗</td><td>3階以上の部分の床面積の合計が1,000m^{2}以上</td><td>2階の部分の床面積の合計が500m^{2}以上</td><td>床面積の合計が200m^{2}以上</td></tr>
<tr><td>(4)</td><td>自動車車庫、自動車修理工場等</td><td colspan="3" rowspan="2">全　部</td><td rowspan="2">準不燃以上（天井・壁）</td><td rowspan="2">準不燃以上（天井・壁）</td></tr>
<tr><td>(5)</td><td>地階または地下工作物内にある居室で上記(1)(2)(3)の用途に供するもの</td></tr>
<tr><td colspan="3" rowspan="4">2. 中規模以上の建築物（学校、体育館およびスポーツ施設を除く）(2)の用途に供するもので高さ31m以下の部分は(2)欄を適用する</td><td colspan="3">階数が3以上で延面積が500m^{2}を超えるもの</td><td rowspan="4">難燃材料以上（天井・壁）</td><td rowspan="4">準不燃材料以上（天井・壁）</td></tr>
<tr><td colspan="3">階数が2で延面積が1,000m^{2}を超えるもの</td></tr>
<tr><td colspan="3">階数が1で延面積が3,000m^{2}を超えるもの</td></tr>
<tr><td colspan="3">ただし次のものを除く
100m^{2}以内ごとに防火区画され特殊建築物の用途に供しない居室で、耐火建築物の高さが31m以下の部分にあるもの</td></tr>
<tr><td colspan="3">3. 無窓の居室</td><td colspan="3">全部（ただし、天井の高さが6mを超えるものを除く）</td><td>準不燃以上（天井・壁）</td><td>準不燃以上（天井・壁）</td></tr>
<tr><td rowspan="2">4. 内装制限を受ける調理室等</td><td colspan="2">住宅または併用住宅の用途に供する建築物に設けられたもの</td><td rowspan="2">主要構造部を耐火構造としたものを除く</td><td colspan="2">階数2以上の住宅（併用住宅含む）の最上階以外の階に火を使用する設備・器具を設けた場所</td><td rowspan="2">準不燃以上（天井・壁）</td><td rowspan="2">〃</td></tr>
<tr><td colspan="2">住宅以外の用途に供する建築物に設けられたもの</td><td colspan="2">全　部</td></tr>
<tr><td rowspan="6">防火区画</td><td colspan="2" rowspan="3">建物の11階以上の部分</td><td colspan="3">100m^{2}以内に防火区画されたもの</td><td rowspan="6">スプリンクラーを設置すればスペースを2倍に拡大できる</td><td></td></tr>
<tr><td colspan="3">200m^{2}以内に防火区画（乙種防火戸を除く）されたもの</td><td>準不燃以上</td></tr>
<tr><td colspan="3">500m^{2}以内に防火区画（乙種防火戸を除く）されたもの</td><td>不燃以上</td></tr>
<tr><td colspan="2" rowspan="3">地　下　街</td><td colspan="3">100m^{2}以内に防火区画されたもの</td><td></td></tr>
<tr><td colspan="3">200m^{2}以内に防火区画（乙種防火戸を除く）されたもの</td><td>準不燃</td></tr>
<tr><td colspan="3">500m^{2}以内に防火区画（乙種防火戸を除く）されたもの</td><td>不燃</td></tr>
<tr><td colspan="8">備考 ①回り縁、窓台、その他これらに類するものについては内装制限がない。
②(1)(2)(3)および2．並びに防火区画の居室については床面からの高さが1.2m以下の部分は適用されない。
③内装制限の適用が2つ以上に及ぶときは、法令で規定されている場合を除いて、より厳しいほうの制限に従うことになる。
④この一覧表は概要を知るためのものであるから、詳しくは法令の本文を参照されたい。</td></tr>
</table>

22.2 消防法

消防法と防炎規制

「国民の生命、財産を火災から保護するとともに、火災または地震などの災害による被害を軽減する」ことを目的とした法律。同法では火災の予防、危険物、消防の設備などに関する事項が定められている。

- **防炎規則**……高層建築物や地下街、百貨店、ホテルなど、同法で定めた**防火対象（建築）物**において使用される**カーテン、カーペット**などの**防炎対象物品**は、基準以上の防炎性能をもつ**防炎物品**でなければならない。

表22-2 防炎規制を受ける防火対象物

高層建築物（高さ31mを超える建築物をいう）	
地下街（地下工作物に設けられる店舗、事務所その他これらに類するもので連続して地下道に面して設けるもの）	
(1)	イ　劇場、映画館、演芸場または観覧場 ロ　公会堂または集会場
(2)	イ　キャバレー、カフェー、ナイトクラブ、その他これに類するもの ロ　遊技場またはダンスホール
(3)	イ　待合、料理店、その他これに類するもの ロ　飲食店
(4)	百貨店、マーケット、その他の物品販売業を営む店舗または展示場
(5)	イ　旅館、ホテル、または宿泊所
(6)	イ　病院、診療所または助産所 ロ　老人福祉施設、有料老人ホーム、救護施設、更生施設、児童福祉施設（母子寮及び児童厚生施設を除く）、身体障害者更生援護施設（身体障害者を収容するものに限る）または精神薄弱者援護施設 ハ　幼稚園、盲学校、聾学校または養護学校
(9)	イ　公衆浴場のうち、ソープ浴場、サウナ浴場、その他これらに類するもの
(12)	イ　映画スタジオまたはテレビスタジオ
(16)	イ　複合用途防火対象物のうち、その一部が(1)項から(4)項まで、(5)項イ、(6)項または(9)項イに掲げる防火対象物の用途に供されているもの

- **防炎物品**……防炎対象物品またはその材料で、所定の防炎性能を有する物品。美術工芸品や手工芸品などを除くカーペットなどの**敷物**や**カーテン**、**布製ブラインド**、**展示用合板**、**工事用シート**などが防炎対象物品で、同品には法律で定めた**防炎物品マーク**がなければ、販売または販売のために陳列してはならないとされている。

・**防炎製品ラベル**……財団法人日本防炎協会が防炎物品以外で、防炎性能を有すると認定した製品に付すラベルで、対象製品には**毛布、敷布などの寝具、テント、防炎頭巾、寝装衣類**などがある。

防炎物品マーク　　防炎製品ラベル

図22-2

住宅用火災警報設備

消防法改正により、新築住宅は平成18年6月から、既存住宅は各市町村条例により平成20年6月1日から平成23年6月1日の間に、火災警報設備を設置しなければならない。設置基準の詳細は、条例によるため所轄の消防署で確認するとよい。対象になる住宅は店舗併用住宅を含む戸建て、共同の各住宅で、設置場所は浴室、トイレ、洗面所、納戸を除くすべての部屋の天井または壁が基本だが条件により異なる。ただし、自動火災警報設備やスプリンクラーが設置されている場合は除かれる。住宅用火災警報器には、煙を感知する煙式と熱を感知する熱式があり、火災の発生を警報音や音声で知らせるが、中には光や振動を発する機器もある。電池式では取付けや点検に特別の資格はない。取扱い店での購入時には、日本消防検定協会のNSマーク付きのものを選ぶとよい。

新築・改築する場合　　今お住まいの住宅の場合

図22-3

22.3 その他の関連法規

ハートビル法

「高齢者、身体障害者等が円滑に利用できる特定建築物の促進に関する法律」（1994年施行）の通称。百貨店、病院、劇場、展示場、ホテルなど不特定多数の人が利用する特定建築物において、高齢者、身体障害者等が円滑かつ安全に利用できるように、その出入口、廊下、階段、便所等に定めた設備を設けるなどの規制を定めたもので、建築主に対し都道府県知事はそれに必要な指導、助言および指示ができるとしている。

品確法

「住宅の品質確保の促進等に関する法律」（1999年施行）の略称。住宅の品質確保の促進、住宅購入者の保護および住宅に関わる紛争の適正な処理体制の整備を図るために定められた法律で、住宅の性能表示制度と評価する第三者機関を設置した。新築住宅においては、10年間の瑕疵担保（補修請求権など）が義務付けられている。住宅性能表示は、必要とする者が指定の住宅性能評価機関に性能評価書の発行を依頼するもので、住宅メーカーに対し表示そのものを義務付けているものではない。

製造物責任法

製造物の欠陥により他人の生命、身体、財産に損害を与えた場合、製造物のメーカーや輸入業者に対しその損害賠償の責任を定めた法律でPL［product liability］法ともいう（1995年施行）。製造物とは、加工された動産を含む製品や取扱説明書の内容を含んでいる。製造物の欠陥が原因の場合、その過失の有無にかかわらず、被害を受けた者は損害を受けた時点から3年間、または製品の引渡しから10年間は損害賠償を請求できるとしている。

廃棄物処理法

「廃棄物の処理および清掃に関する法律」（1970年施行、2005年改正）の略称。廃棄物の排出を抑制し、分別、保管から処分までの処理について、国民の責務、事業者の責務、義務などを定めたもので、とくに2005年の改正では産業廃棄物管理票（マニフェスト）による管理義務の罰則が強化されている。

建設廃材リサイクル法

「建設工事に係る資源の再資源化に関する法律」（2002年5月施行）の略称。一定規模以上の建設工事では、廃棄物の分別と再資源化が義務付けられた。リフォーム工事では、解体対象部分の延面積が80m²以上の場合、その対象になる（同施行令第2条1項）。

家電リサイクル法

「特定家庭用機器再商品化法」（2001年4月施行）の略称。電化製品の製造業者にはリサイクル、小売業者には消費者からの廃家電製品の引渡し、消費者にはリサイクル料金の負担をそれぞれ義務付けている。対象になる電化製品はテレビ、エアコン、冷蔵庫、洗濯機などである。

（建築基準法をはじめとする関連法規・条例・規定などは改定されることが多く、掲載内容が該当しなくなることがあります。）

第23章 重要課題

23.1 省エネルギーシステム

地球環境問題を背景に、自然エネルギーを利用した省エネルギーの必要性が叫ばれている。とくに、太陽エネルギーを住宅の冷暖房や給湯に利用したソーラーシステムには、機械設備を使った**アクティブソーラーシステム**と、機械設備を使わない**パッシブソーラーシステム**がある。近年では、ハンドリングユニット装置を用いた中間的なOMソーラーシステムも開発されている。太陽光エネルギーを電力に変えて空調や照明、電気機器の電力に利用するものとして、太陽光発電システムがある。一方、水を利用したものには、雨水をためたり家庭で使った水を再処理して、飲食以外に使用するシステムがある。

・**太陽光発電システム**……屋根に設置する太陽電池モジュールには、変換効率約17%の単結晶シリコンタイプのほか、同効率約15%の多結晶シリコンタイプ、約8%のアモルファスシリコンタイプがあり、とくに設置面積が広い場合、アモルファスシリコンタイプが多用されている。同発電システムの発電量は設置条件により異なるが、3.1kWhのシステムで平均的な家庭の年間消費電力の約3,600kWに近い発電量を得ることができる。

23.2 ソーラーシステム

パッシブソーラーシステムには、ダイレクトゲイン、トロンプウォール、付設温室などがある。

・**ダイレクトゲイン**……南向き窓から入射する太陽熱を、室内の石やコンクリートなどの蓄熱性のある床や壁に蓄えさせるシステム。

・**トロンプウォール**……南面にガラス張りと組み合わせたコンクリート壁をつくり、壁に蓄熱させる。蓄えられた熱を夜間室内に放出する。

・**付設温室**……家の南に温室をつくる方式で、ダイレクトゲインとトロンプ壁を組み合わせたような太陽熱利用で園芸も楽しめ、グリーンハウス型とも呼ばれる。ブドウ棚やツタなどの植栽を利用した冷涼効果も、パッシブソーラーといえる。

・**アクティブソーラーシステム**……ブリッドソーラーシステムと呼ばれる。

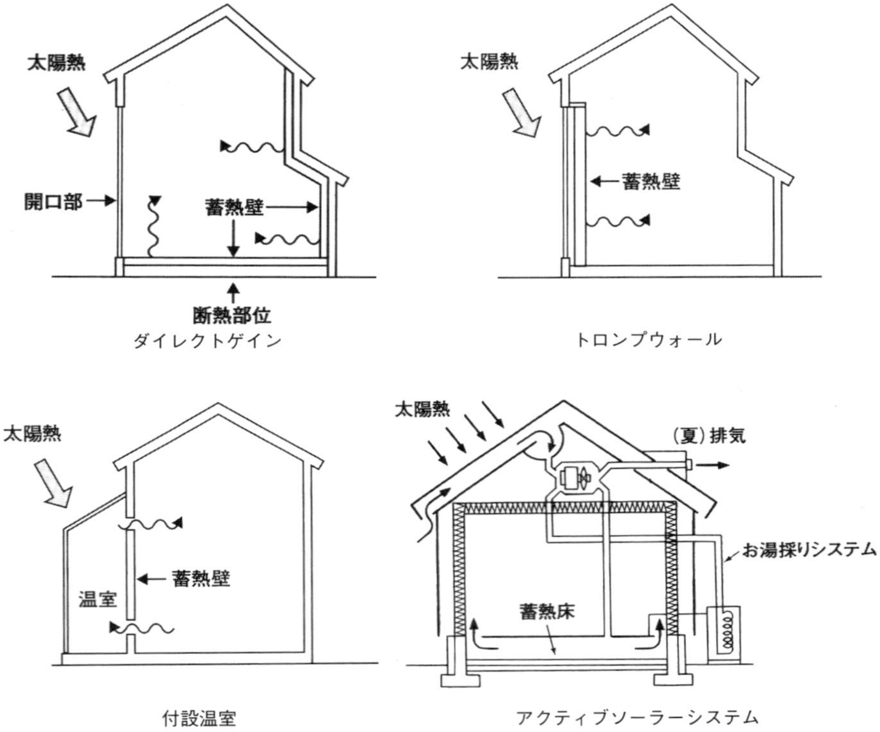

『インテリアコーディネーターハンドブック』インテリア産業協会より

図23-1 ソーラーシステム

23.3 省エネルギー設備

太陽熱温水器

太陽エネルギーを利用して給湯する装置で汲み置き式と循環式があり、循環式には集熱器と貯水槽を一体化した自然循環式と、ポンプで循環させるセパレートタイプの強制循環式がある。冬や雨天時には、バックアップ加熱装置が必要になるが、省エネや環境面からも導入が増えている。

電気温水器

深夜電力で翌日使用する湯を沸かして貯湯する貯湯式給湯器で、200 ℓ の小型から5人家族向き容量460～560ℓの大型のものまである。近年では台所、洗面所、浴室での足し湯や保温ができる自動機能型も開発されている。

ヒートポンプ型給湯機

空気の熱を熱交換器でCO_2冷媒に集めて圧縮機で高温にし、その冷媒熱を水熱交換器で水を湯にして貯湯する給湯機で、電力会社や給湯機メーカーで次世代給湯システムとしてエコキュートと呼んでいるもの。同会社やメーカーによると、従来の燃焼式給湯機の約30％の省エネルギー効果があり、エネルギー消費のCO_2排出量は約50％削減できるとしている。

省エネラベリング制度

省エネルギー法で定めた特定機器は、省エネラベリング制度で定めた省エネ基準達成率を表すeラベル（達成率100％はグリーン、未満はオレンジ）を付す。テレビ、エアコン、冷蔵庫、冷凍庫、蛍光灯、ガス・石油温水機器、ガスストーブ・同調理機器などの13品目（平成18年3月現在）。

図23-2 eラベル

23.4 セキュリティ

キーシステム

防犯のために使用される建築用錠前には、大きく分けて鍵を用いるカンブラー錠やシリンダー錠のものと、鍵に代わるカードロック式のもの、鍵を用いないテンキーロック式などがある。

とくにカードキーと暗証番号によるオートロック電子錠は、鍵穴がなくピッキング被害の心配がない。近年では、カードは非接触型のRFID（電波方式認識）タイプが多くなってきた。

シリンダー錠の方式

今日多く用いられているシリンダー錠には、ピンシリンダーと呼ばれるピンタンブラー方式、ディスクシリンダーと呼ばれるディスクタンブラー方式、ロータリーディスクシリンダーと呼ばれるロータリーディスクタンブラー方式、マグネチックシリンダーと呼ばれるマグネチックタンブラー方式がある。
- **ピンタンブラーキーロック**……直径35mmくらいのピンをタンブラーにしたもの。
- **ディスクタンブラーキーロック**……ピンタンブラーを板状ディスクに変えたもので、ピンタンブラー方式より鍵違いが多い。
- **ロータリーディスクタンブラーキーロック**……ディスクタンブラー方式を複雑高度化したもので、鍵違いが約1億4000万近くあり、不正解錠に強く今後の主力シリンダーとされている。

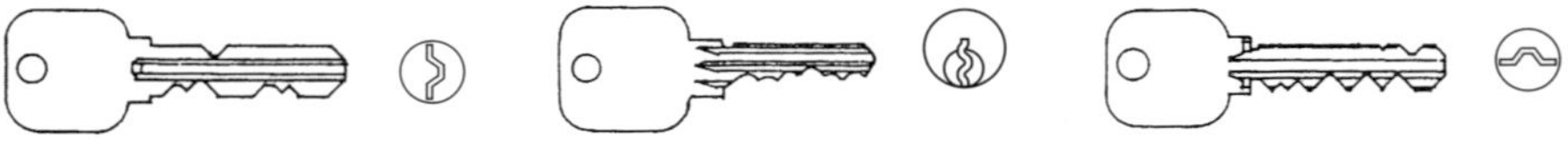

ピンタンブラーキーロック　ディスクタンブラーキーロック　ロータリーディスクタンブラーキーロック

「平成18年度第24回インテリアコーディネーター資格試験問題」より
図23-3

23.5 リフォーム

集合住宅（分譲マンション）の戸別リフォーム工事

区分所有者（マンション購入者）が自由に改変できるのは、**区分所有法**によりその住戸内の**専有部分**に限られている。リフォームの対象になる部分は、①専有部分の天井、壁、床の躯体部分を除く部分、②玄関扉の鍵および内部塗装、③対象部分のガス・水道等の配管・配線の抜管であり、専有使用部分のバルコニーを含む外回りの外壁、窓（サッシ含む）などの共有部分は実施できない。遮音効果や断熱性能を高めるために、内側に内窓を付けて二重サッシにしたり、防犯のために鍵を交換するなどは自由である。建築工事以外のリフォーム等の工事では、工事金額が**500万未満**の場合、建設業許可をもたない業者でも工事が可能である。

構造別リフォーム度

- **在来構法の木造**……家を支える柱や梁、桁、胴差しなどを除き、間仕切り壁を自由に動かし抜くことができるのでリフォーム度は高い。ただし、地震や風圧に耐えるように設置されている筋交や木ずりの撤去については十分に注意する。
- **ツーバイフォー構法**……枠組壁構造で、構造上耐力壁となる外壁等については取り外したり抜くことはできない。
- **ラーメン構造**……柱と梁以外、間仕切り壁の取り外しは可能で、リフォーム度は高い。
- **壁式構造**……耐力壁と床スラブの構造体を除き、間仕切り壁については原則的に自由であるが撤去には制限がある。

23.6 シックハウス対策

シックハウス対象建材と表示記号

2003年（平成15）7月1日より施行されている改正建築基準法では、シックハウス（化学物質過敏症）の原因となるホルムアルデヒドとクロルピリホスの化学物質の放出を対象にした①建築材料に関する使用規制、②換気設備の義務付けなどが定められた。

日本農林規格（JAS）では**合板、木質系フローリング、構造用パネル集成材、単層積層材（LVL）**、日本工業規格（JIS）では**ファイバーボード（MDF）、パーティクルボード、壁紙、接着剤、仕上げ塗材、グラスウール、ロックウール、発泡プラスチック、塗料**などがその対象になり、発散量による等級区分を定めている。表示記号F☆のものは発散量が多く内装材としては使用できず、F☆☆☆☆のものは発散量が少なく使用規制はない。日本農林規格では、非ホルムアルデヒド系接着剤使用の表示はF☆☆☆☆と同様の等級とされている。

シックハウス対策の対象となる場所・範囲

住居の居室だけでなく、事務所や店舗、工場などの住宅以外の居室もその対象で、床、壁、天井、建具、造付け家具などのほか、居室に面する天井裏や押入、クローゼットがその範囲になる。

換気設備の義務付け（施行令第20条の6、同129条の2）

ホルムアルデヒドを発散する建材を使用しない場合でも、持ち込んだ家具、用品等からの発散の可能性があるために、すべての建築物の居室には機械換気で、住宅の居室では換気回数**0.5回**／時以上、住宅以外の居室では同回数0.3回／時以上の能力の設備が義務付けられている。

イラスト出典

『インテリアコーディネーター資格試験問題』社団法人インテリア産業協会
『インテリアコーディネーターハンドブック』社団法人インテリア産業協会
『インテリアコーディネーター資格試験問題集』井上書院
大廣保行著『インテリアコーディネーター小事典』日刊工業新聞社
文科省著作高等学校用教科書『インテリア計画』コロナ社
文科省著作高等学校用教科書『インテリアエレメント』コロナ社
文科省著作高等学校用教科書『インテリア製図』コロナ社
文科省著作高等学校用教科書『家具生産』実教出版
大廣保行著『椅子のデザイン小史』鹿島出版会
大廣保行監『新インテリア用語辞典』トーソー出版

製図表示記号：JIS A 0150、C 0303、「JIS通則」

索引（キーワード）

あ

アーツ＆クラフツ運動　124
アーリーアメリカン様式　124
アール・デコ　127
アール・ヌーボー　125
相欠き接ぎ　41
アイソメトリック　180
アイダカモデル　20
アイダスモデル　20
アイダモデル　20
会津塗　110
アイドマモデル　20
アイランド型　86
アイリーン・グレイ　127
アウトレットストア　22
あおり張り　48
アカリ75-D　84
アキスミンスターカーペット　66
アキレ・カスティリオーニ　129
アクセントカラー　154
アクソノメトリック　180
アクティブソーラーシステム　189
アクリル　57、68
アクリル系　57、68
アクリル樹脂　53
麻　58
アジャスタ　44
アスファルト防水　166
アソートカラー　154
アダム様式　123
厚張り　48
圧力タンク方式　96
あばら筋　157
網入り・線入り板ガラス　107
アメリカンモダン　128
洗落とし洗浄方式　93
洗い出し洗浄方式　92
アラベスク　118
有田焼　111
アルコ　84
アルネ・ヤコブセン　128
アルバー・アアルト　128
アルマイト処理　46
アルミナム・ラウンジ　49
アルミ箔　166
アレッサンドロ・メンデーニ　130
合わせガラス　107
アングル丁番　43
アングロダッチ様式　121
アンダーカウンター　88
アンダーコート　44
アントチェア　49
アンドレ・シャルル・ブール　121
アンピール様式　123

い

イージーチェア　35
イートイン　23
イームズ・ラウンジ　49
倚子　132
意匠法　26
椅子の基本構造　38
イスラム文化　118
板目　162
イタリアンモダン　128
色温度　84
色の感情効果　152
色の経時感　152
色の三属性　148
色の視認性　152
色の対比　151
色の同化　151
色立体　148
インシュレーションボード　51、52、166
インショップ　22
インストア・マーチャンダイジング　19
インテリアグリーン　112
インテリアコーディネーター　14
インテリアプランナー　15
インバータ・エアコン　98
インバータ式　83

う

ウイーンチェア　50
ウィリアム・モリス　124
ウィリアム＆メアリー様式　121
ウイルトンカーペット　66
ウイングチェア　35
ウール　68
ウールマーク　31
上張り　76
上張りジョイント　76
ウエビングテープ　47
ウォーターハンマー　96
ウォールウォッシャー型　81
ウォールキャビネット　88
ウォールユニット　160
ウォッシュコート　44
請負契約　24
薄張り　48
内法　161
ウッドシーラー　44
羽毛布団　109
ウラジミール・タトリン　126
ウレタンフォーム　47
上塗り　44

え

エアープランツ　112
エアコンディショニング　98
エーロ・サーリネン　128
液化石油ガス法　32
エキスパンドメタル　165
エコマーク　33
エスプリ・ヌーボー　128
エッグチェア　49
エッチング　112
エッチンググラス　108
エットーレ・ソットサス　130
江戸指物　37
エポキシ樹脂接着剤　167
エミール・ガレ　125
エリザベス様式　119
エリッヒ・メンデルゾーン　126
エルゴノミックス　137
塩化ビニル樹脂　53
縁甲板　71
円座　131
エンペラー様式　123
エンボス加工　59
エンボス壁紙　74
オイルフィニッシュ　45

お

黄金比　145
凹版版画　112
大壁　155,158
オーダー　117
オーニング　102
オーバーカウンター　88
オーバーレイ合板　76
オーバーロック工法　70
オープン部品　160
オーブンレンジ　90
押板床　133
折敷　132
オストワルト表色系　148
オットー・ワグナー　126
落とし込み張り　48
音の属性　173
オパール加工　59
帯筋　157
織物壁紙　74
温水器　190
温水暖房　97
温風暖房　97

か

カーテンウォール　157、158
カードロック　105
カール・クリント　128
外装用タイル　72
階段の寸法　184
開放燃焼型　99
改良木材　167
カウチ　35
鏡　108
隠し丁番　43
家具図　175
カクトワール　120
確認申請　183
懸盤　132
架構式構法　155
架構式床　159
瑕疵担保責任　24
ガス事業法　32
春日部たんす　38
ガスコンベクションレンジ　90
ガステーブル　90
型板ガラス　106
形鋼　165
カッサパンカ　120
合掌造　135
カッソーネ　120
割賦販売法　26
カップボード　37
桂離宮　135
家庭用品品質表示法　30
カテゴリーキラー　22
家電リサイクル法　188
矩計図　175
矩接ぎ　41
カフェ　60
兜造　136
かぶり厚　157
カブリオール・レッグ　122
壁構造　156
壁代　131
加法混色　151
カマイユ配色　153
鎌錠　106
框戸　103
加茂桐たんす　38
カラーガラス　108
カラー・コーディネーター　16
カラーコーディネート　152
カラープランニング　154
唐木指物　38
ガラス繊維　58
ガラス繊維強化セメント　168
ガラス繊維強化プラスチック　168
ガラスブロック　108
唐櫃　132
簡易施工型　88
簡易耐火建築物　183

換気　172
換気扇　91
乾式構法　158
含水率　163
間接照明　79
乾燥機　92
慣用色名　151

き

キーシステム　191
キーストンプレート　165
キーテナント　23
木裏　162
木表　162
機械換気　100
木地仕上げ塗装　45
キセノンランプ　82
基礎　155
木曾漆器　110
喜多俊之　130
几帳　131
キッチンスペシャリスト　15
キッチンセット　86
輝度　83
木取り　162
基本色名　151
逆マスターシステム　105
キャスター　44
キャッチ　44
キャビネット図　181
キャブチェア　50
吸音・吸音率　173
吸音材料　166
吸音ボード　77
給湯器　92
キュービックタイプ　160
強化ガラス　107
強化木材　52
京指物　37
脇息　132
京塗　110
京焼　111
局部照明　79
居室　182
居室に関する法的規制　183
清張り　76
許容応力度　163
木割　134
金華山　47
緊結金物　43
金属蒸着加工　59
近代建築の五原則　128

く

クイーン・アン様式　121
クーラー　98
九谷焼　111
クッキングヒーター　90
クッションフロアー　72
グッドデザイン商品選定制度　31
くど造　136
区分所有法　192
グライド　44
グラスウール　165、166
グラデーション　145
グラビティヒンジ　43
グランドマスターキーシステム　105
クリーネ　117
グリッドプランニング　141
グリッパー工法　70
クルスモス　117
クレセント　106
クローズポア　45
グロースターター式　83
クロスオーバー　60
クロスコネクション　96
グロピウス　127
クロムメッキ　46

け

ケア住宅　113
蛍光ランプ　81、82
継時対比　151
系統色名　151
景品表示法　26
契約　23
軽量気泡コンクリート　164
軽量形鋼　165
軽量骨材仕上げ　78
ケースメント　102
ケースメントカーテン　55
ゲートレッグテーブル　36
ゲーリット・トーマス・リートフェルト　126
ゲシュタルト心理学　143
結晶化ガラス　108
結露　170
結露防止壁紙　75
ケナフマーク　33
ケレン処理　45
源氏襖　135
原色　148
建設廃材リサイクル法　188
建築化照明　80
建築工事届　183
減法混色　151
剣持勇　130

こ

コウエニット　57
高架タンク方式　96
高輝度放電ランプ　81
工業標準化法　32
広告　18
工事完了届　183
格子戸　103
高周波点灯専用型　82
合成樹脂の成型加工　52
合成繊維綿　47
光束　83
光束発散度　83
光度　83
鋼板・鋼管　165
合板　51
合板系フローリング材　71
孔版版画　112
コーキング処理　75
コーティング加工　59
コーデュロイ　47
コーニス照明　80
コーブ照明　80
コーポレート・アイデンティティ　19
コーポレートチェーン　21
国際建築様式　127
腰付障子　103
ゴシック文化　119
胡床　132
古代ギリシャ＆ローマ文化　117
骨材　78、164
兀子　132
コトラーの意思決定プロセス　20
コノイドチェア　50
ゴム系接着剤　167
小屋組　155
コロセウム円形劇場　117
コロニアル様式　124
コンクリート系プレハブ　159
コンクリートブロック　164
コンシステンシー　164
コンストラクションキーシステム　105
混色　151
コンソールテーブル　122
コンテナ栽培　112
コントラスト　145
コントラスト配色　154
コンビニエンスストア　21
コンビネーションレンジ　90
コンプリメンタリー配色　154
コンベクター　97
コンポジションビニルタイル　72
コンモード　122
混和材　78
混和材料　164

さ

サーフェース塗装　45
座位基準点　139、140
最大許容濃度　172
彩度　148
サイドチェア　35
彩度調和　152
サイホンジェット洗浄方式　93
サイホン洗浄方式　93
サイホンボルテックス洗浄方式　93
在来構法　155
サヴォナローラ　120
竿縁天井　133、159
座臥具　131
サキソニー　69
作業域　137
酢酸ビニル樹脂接着剤　166
錯視図形　143
座骨結節点　139
座敷　133
座敷飾り　133
指物　37
差尺　140
讃岐塗　110
皿張り　48
残響・残響時間　173
炭素鋼　165
炭素繊維強化コンクリート　167
炭素繊維強化プラスチック　167
サンダー処理　75
サンディングシーラー　44
サンドブラスト加工　108
三波長域発光型　82
サンフォライズ加工　58

し

シアーカーテン　56
仕上表　175
シージング石膏　77
シート系床材　72
シート防水　166
シーラー処理　75
シーリングライト　79
シェーカー様式　124
シェーズロング　128
シェードペン　84
シェラトン様式　123
シェルナーの図形　143
ジオ・ポンティ　129
シカゴ派　125
直張り　75

信楽焼　111
色彩計画　154
色彩調和　152
色相　148
色相環　148
色相調和　152
色名　151
地業　155
軸組　155
軸組構法　155
軸測投影図　180
仕口　41
軸吊り丁番　43
慈照寺東求堂　134
紫宸殿　131
シスタン弁式　94
システム家具　37
システムキッチン　88
自然換気　100
自然換気量　172
自然乾燥仕上げ　46
下地調整　75
下塗り　44
シックハウス対策　193
シックハウス対象建材　193
湿式構法　158
室内環境配慮マーク　33
室内配線　95
実用新案法　25
蔀戸　131
シノアズリ　122
遮音　173
遮音フローリング　72
シャギー　69
ジャコビアン様式　121
斜投影法　180
斜透視図法　180
斜文織　56
ジャロジー　102
シャンデリア球　81
終日日射量　174
集成材　51
修正有効温度　171
住宅用火災警報設備　187
集団規定　182
収納家具の基本構造　40
朱子織　56
樹脂加工　58
受配電設備　95
シュレーダーの階段　143
純壁紙　74
純色　148
書院　134、161
書院造　133
省エネラベリング制度　191
省エネルギー　189、190
蒸気暖房　97
商業施設士　16
仕様書　175
浄水器　91
照度　83
消費者保護基本法　26
消費生活用製品安全法　26、32
商標法　26
消防法　186
ジョージアン様式　22
ジョーン・ラスキン　124
食器洗い乾燥機　91
ショッピングセンター　21
ジョブコーディネーション　142
白木仕上げ塗装　45
シリンダーケースロック　104
シリンダー錠の方式　191
シルバーボール　81
シロッコファン　101
芯押え　141
真壁　155、158
芯去材　162
シングルグリッド　141
人工軽量骨材　164
芯材　162
新識別ロック　104
人体寸法　137
寝殿造　131
シンメトリー　145
芯持材　162
新有効温度　171

す

水銀ランプ　82
水道直結方式　96
スーパーマーケット　21
スーパーレジェラ　50
透かし目地張り　76
スカラップ　60
数寄屋造　134、135
厨子棚　132、133
スターラップ　157
スタッキングチェア　35
スタッコ仕上げ　78
スツール　35
ステイン塗装　45
ステー　44
ステンドグラス　108
図と地　143
スネークスプリング　47
スプレー塗装　46
スペースユニット　160
スポークチェア　130
スライド丁番　43

スリーピングリネン　109

せ

清色　148
製造物責任　25
製造物責任法　188
静電塗装　46
制電マーク　31
清涼殿　131
セールスプロモーション　18
石綿スレート　77
セキュリティ　191
セクショナルキッチン　86
セクショナルチェア　36
ゼセッション　125
石膏ボード　77
絶対湿度　170
接着材料　166
セッツル　120
セットウエビング　47
セットスプリング　47
設備図　175
セパレーションカラー　154
セパレート　61
セメント　163
セメンリシン吹付け仕上げ　78
セリグラフ　112
セレーネ　50
背割り　162
繊維飽和点　163
センタークロス　60
洗濯機　92
セントラル暖房　97
全般拡散照明　79
全般照明　79
専門店　21
専有部分　192

そ

騒音　173
造作　161
装飾模様　147
相対湿度　170
草墪　131
ソーラーシステム　189
ソシオフーガル　139
ソシオペタル　139
素地調整　44
ソファ　35
ソリウム　117

た

ターボファン　101
待庵　135
第1角法　180
第1種換気（設備）　100
耐火建築物　182
耐火構造　182
太鼓張り襖　103
第3角法　180
第3種換気（設備）　101
対人距離　138
第2種換気（設備）　100
大便器の洗浄方式　92
台目畳　135
ダイヤモンドチェア　49
太陽光発電システム　189
太陽熱温水器　190
対流　169
対流暖房　97
タイルカーペット　67
タイル目地割り　73
ダイレクトゲイン　189
ダウンライト　79、80
高岡漆器　110
高坏　132
出文机　134
タスクライト　79
畳　131
畳寄せ　161
畳割　134
建具表　175
ダブテール接ぎ　41
タフテッドカーペット　66
ダブルグリッド　141
ダブルスティック工法　70
タペストリー加工　108
単位空間　137
タンクレス方式　96
炭酸ガス濃度　172
単相3線方式　95
単相2線方式　95
単層フローリング　71
単体規定　182
緞通　66
ダンテスカ　119
断熱材料　165
丹波立杭焼　111
単板積層材　51

ち

チェーンストア　21
チェスト　120
チッペンデール様式　122
チャールズ・イームズ　123
着色目止め　44
茶室　135

中間混色　151
中間色　148
昼光色ランプ　82
昼光率　174
中質繊維板　52
中門造　136
鳥瞰図　180
長尺ビニルシート　72
長寿社会対応住宅指針　113
調整部材　88
帳台　131
帳台構え　134
丁番　43
帳壁　157
直接照明　79
著作権法　26

つ

衝重　132
通信販売　27
ツーバイフォー構法　156、158
通風　172
津軽塗　110
継手　41
付書院　134
突っ込み目地張り　76
組接ぎ　41

て

デ・スティル　126
ディーラーヘルプス　19
ディスカウントストア　23
ディスクタンブラー　192
定着　157
デイベッド　36
テーブルの基本構造　39
テーブルリネン　109
デッキプレート　165
鉄筋コンクリート壁構法　158
鉄筋コンクリート構造　156
鉄筋の種類　157
鉄骨系プレハブ　159
鉄骨構造　157
鉄骨鉄筋コンクリート構造　157
デッドボルト　105
点前畳　135
デュシェス・ブリゼ　122
テラリウム　112
デルブウフの図形　143
展開図　175
テンキーロック　105
電気温水器　190
電球型蛍光ランプ　82
電球色ランプ　82
電気用品安全法　32
電気容量　95
天空光・全天空照度　174
天井伏図　175
電着塗装　46
伝導　169
伝統色名　151
天然木化粧合板　76
天窓　103

と

ドアクローザー　105
ドアヒンジ　106
ドイツ工作連盟　126
投影図　180
等角投影法　180
道具畳　135
動作域　137
動作空間　137
等差数列　146
透視図　180
同時対比　151
等比数列　146
透明フロート板ガラス　106
銅メッキ　46
等ラウドネス曲線　173
トーナル配色　154
ドーマーウィンド　103
トーマス・シェラトン　123
トーマス・チッペンデール　122
トーン・オン・トーン　153
特殊機能カーテン　56
特殊機能壁紙　74
特殊反射ガラス　107
独占禁止法　26
特定商取引法　27
独立基礎　155
常滑焼　111
床の間　161
床脇　161
吐水口空間　96
特許法　25
凸版版画　112
トップコート塗装　46
トップライト　103
砥部焼　111
ドミナンス　145
ドミナントカラー　154
留め接ぎ　41
豊口克平　130
ドライポイント　112
トラス　155
トラス構造　157
トラップ　94

ドラムトラップ　94
トランスファー成型　52
トリメトリック　180
トレーサリー　120
ドレープ　55
ドレープカーテン　55
ドロップイン　88
ドロップヒンジ　43
トロンプウォール　189

な

内装制限　184
内装用タイル　72
ナイロン　68
中塗り　44
長持　132
ナツメ丁番　43
ナトリムランプ　82
生ゴミ処理機　91
軟質繊維板　52
難燃繊維　60

に

ニーチェアX　50
ニードルパンチカーペット　67
西本願寺飛雲閣　135
ニッケルメッキ　46
日射侵入率　169
日照時間・日照量　173
日本モダン　129
ニューウェーブ　130
ミューラー・マイヤーの図形　143
尿素・メラミン系樹脂接着剤　167

ぬ

布基礎　155
塗籠　131

ね

猫間障子　103
熱可塑性樹脂　52
熱貫流抵抗値　169
熱貫流率　169
熱硬化性樹脂　52
熱線吸収板ガラス　107
熱線反射ガラス　107
熱伝導率　169
熱容量　169

の

農林物資法　32
ノックダウン家具　37
ノックダウンタイプ　160
ノブ　105、106

は

パーソナルスペース　139
パーソナルチェア　35
バーチカルブラインド　64
パーティクルボード　51
ハードツイスト　69
ハートビル法　187
ハードボード　51
ハーフティンバー　119
ハーフミラー　108
ハーモニー　145
パーライト吹付け仕上げ　78
ハイカットローループ　69
廃棄物処理法　188
配筋　157
配色の種類　153
ハイドロカルチャー　112
売買契約　24
パイミオチェア　49
配力筋　157
パイル織　56
バウハウス　127
パオロ・デガネロ　130
白色ランプ　82
白熱ランプ　81
柱割　134
バスキュラントチェア　128
バスリネン　109
旗丁番　43
バタフライチェア　130
バタフライテーブル　36
発光ダイオード　82
パッシブソーラーシステム　189
ハッチ　37
バッフル型　80
発泡プラスチック　166
パテ処理　75
羽根布団　109
パネルスクリーン　64
パネルヒーティング　97
幅木　161
パブリシティ　18
パラッツォ　119
パラディアニズム　122
バランス照明　80
バリアフリー対策　113
バルセロナチェア　49
ハロゲンランプ　81
バロック様式　121

ハングウィンド　103
ハンス・J.ウェーグナー　128
半密閉燃焼型　99

ひ

ピアノ丁番　43
ビーダーマイヤー様式　123
ヒートポンプ　98
ヒートポンプ型給湯器　191
ビームランプ　81
ピールアップ工法　70
日影曲線　174
非架構式床　159
引き違い戸錠　104
ビザンチン&ロマネスク文化　118
ビジュアル・マーチャンダイジング　19
ビセリウム　117
飛騨春慶塗　110
櫃　132
必要換気量　172
ビニル壁紙　74
ビニル床タイル　72
百貨店　21
ピュアビニルタイル　72
ヒューマンエンジニアニング　137
ビュロー　37
屏障具　131
表現主義・構成主義　126
表色系　148
屏風　131
屏風丁番　43
平織　56
平書院　134
平矧ぎ接ぎ　41
品確法　188
ピンスポット型　81
ピンタンブラー　192

ふ

ファイバーボード　51、77
ファンコイルユニット　97
フィボナッチの数列　146
フィラー　88
フィンガージョイント　41
フーチング　155
フェデラル様式　124
フェノール樹脂　54
フォームラバー　47
フォールディングチェア　35
不快指数　171
吹付け材料　78
吹付けタイル仕上げ　78
複合フローリング　72
福祉住環境コーディネーター　16
複層ガラス　107
袋張り　76
部材ユニット型　88
付設温室　189
プッシュ戦略　19
不等角投影法　180
不飽和ポリエステル樹脂　54
プライウッド　51
プライマー塗装　45
フライング・バットレス　119
ブラケット　79
プラスターボード　77
プラスチック筋　168
プラッシュ　69
フラッシュ戸　103
フラッシュ弁式　94
フラット・スラブ構造　156
プラットホーム構法　156
フランス丁番　43
フランチャイズチェーン　22
フランボワイアン　120
プリーツ加工　58
プリーツスクリーン　64
フリッカー　83
プリントカーテン　55
プリント合板　76
ブルーノ・タウト　126
ブルーノ・トマソン　128
プル戦略　19
プレイスマット　109
フレキシブルボード　77
プレストレストコンクリート　164
プレハブ構造　158
フロアーキャビネット　88
ブローアウト洗浄方式　93
フローリングブロック　71
フローリングボード　71
フロスト加工　108
プロトタイプ寸法　140
プロペラファン　101
プロポーション　145
プロモーション・ミックス　18
粉体塗装　46
分電盤　95

へ

ベイウィンド　103
平均演色評価数　84
平衡含水率　163
平行透視図法　180
平版版画　112
平面図　175
ベースカラー　154
ペーター・ベーレンス　126

ヘクトル・ギマール 125
ベタ張り 75
ベッド 36
ベッドの基本構造 40
ヘップルホワイト様式 123
ペニンシュラ型 86
ベネシャンブラインド 64
ベルサイユ宮殿 121
ベルベッチン 47
ベルベット 47
ヘルマン・ムテジウス 126
ヘルムホルツの図形 143
辺材 162
ペンダント 79
ヘンリ・ヴァンデ・ウェルデ 125

ほ

ボウウィンド 103
防炎加工 60
防炎壁紙 75
防炎規制 186
防炎製品ラベル 187
防炎対象物品 186
防炎物品 186
防炎物品マーク 186、187
防汚加工 59
防火構造 182
防火対象物 186
防カビ性壁紙 75
防火壁装材料 184
放射 169
防水材料 166
放熱器 97
訪問販売 27
ボード張り天井 159
ホームインプルーブメントセンター 22
ホームエレベーター 116
ホームリネン 109
補強コンクリートブロック構造 157
北欧モダン 128
補色 151
補色残像 152
北海道民芸 38
ポッケンドルフの図形 143
ボトム 41
ポピュレーションステレオタイプ 138
ボランタリーチェーン 22
ポリアミド樹脂 53
ポリウレタン樹脂 54
ポリエステル 57
ポリエステル化粧合板 76
ポリエチレン樹脂 53
ポリ塩化ビニル 57
ポリクラール 57
ポリプロピレン 68
ポリプロピレン樹脂 53
ポリカーボネート樹脂 53
ホルムアルデヒド発散量表示記号 193
ホワイトボール 81
本床 161
本棟造 135

ま

マーケティング・コンセプト 17
マーケティングリサーチ 18
マーセライズ加工 59
マーチャンダイジング 19
マイクロフィニッシュ 45
舞良戸 103
前処理 45
曲り家 136
柾目 162
益子焼 111
マスターキーシステム 105
マットレス 40
松本民芸 38
マルセル・ブロイヤー
マルチレベルループ 69
回り縁 161
マンションリフォームマネジャー 15
マンセル表色系 148

み

ミース・ファン・デル・ローエ 127
ミケーレ・デ・ルッキ
御簾 131
水腰障子 103
水セメント比 164
ミッション様式 124
密閉燃焼型 99
ミラノ大聖堂 119
民家造 135
民芸家具 38
民法 23

む

ムーンとスペンサーの調和論 152
無機系人造木材 167
無垢板 71
無彩色 148
無電極放電型 82

め

明度 148
目地棒押え 76
メゾティント 112

メタルハライドランプ　82
メタルラス　165
目張り　75
メラミン化粧合板　76
メラミン樹脂　54
綿　58
面押え　141
面積対比　152

も

モーリス・デュフレーヌ　127
木材の腐朽　163
木質系プレハブ　159
木質繊維板　77
木造壁構法　158
木造構法　155
木片セメント板　77
杢目　163
木毛セメント板　77
木理　163
モケット　47
モザイクタイル　73
モザイクパケット　71
モジュール　141
モジュール呼び寸法　141
モジュラーコーディネーション　141
モスク　118
木骨様式　119
モノクローム　153
モノトーン　153
モノロック　104
モルタル防水　166

や

焼付け塗装　46
ヤグローの有効温度　171
柳宗理　130
大和棟　136
遣戸　133

ゆ

有角透視図法　180
ユーゲント・シュティール　125
有効温度　170
有孔吸音板　166
有彩色　148
優良住宅部品認定制度　31
優良断熱建材認定制度　31
床勝ち・間仕切り負け　160
床組　155
床暖房パネル　98
床負け・間仕切り勝ち　160
床用タイル　73
雪見障子　103
ユニット家具　37
ユニバーサル型　81
ユニバーサルデザイン　113

よ

洋小屋　155
浴室換気暖房乾燥機　92
浴室ユニット　160
汚れ防止壁紙　74
ヨゼフ・ホフマン　126

ら

ラーメン構造　156、157
ラジエター　97
ラスボード　77
ラッチボルト　105
ラッチボルトロック　104
ラディエーション　145
ラピッドスタート式　83
ラミネートウッド　51
ラミネート加工　58
ランディ　50
欄間　133、135

り

リージェンシー様式　121、122
リヴ・ヴォールト　119
リクライニングチェア　35
リズム　145
リチャード・マイヤー　130
リップル加工　59
リトグラフ　112
リネンホールド　120
リビングボード　37
リフォーム　192
リフレクター型　80
リフレクターランプ　81
リペティション　145
リボンバック　122
リンキングチェア　35

る

ルイ14世様式　121
ルイス・サリバン　125
ルーバー天井照明　80
ルーフウィンド　103
ル・コルビュジエ　127、128
ルネサンス文化　118
ルビンの壺　143

れ

レースカーテン　55
レーヨン　57、68
レギュラーチェーン　21
レバーハンドル　106
レベルループ　69
連鎖販売　27

ろ

ロータリーディスクタンブラー　192
ロードサイドリテイラー　22
ローマンシェード　62
ロールブラインド　64
ロカイユ様式　121
ロココ様式　121
ロック　44
ロックウール　165、166
ロックウール板　77
ロック類　47
露点温度　170
ロバート・アダム兄弟　123
ロバート・ヴェンチューリ　130

わ

ワーカビリティ　164
ワークトップ　88
ワークトライアングル　86
ワードローブ　36
若狭塗　110
枠組壁構法　156、158
和小屋　155
輪島塗　110
和櫃　132
和襖　103
ワルター・グロピウス　127
ワントラップ　94

A～

ABS樹脂　53
AJランプ　84
ALC　164
BLマーク　31
CAD　29
CAM　29
CFRC　167
CFRP　167
CIE表色系　148
CKシステム　105
CNKシステム　105
Cマーク　31
DKマーク　31
EOS　28
Eマーク　33
eラベル　191
FRP成型　52
FRP　54
GFRC　168
GFRP　168
Gマーク　31
HIDランプ　81、82
IH用換気扇　91
ISMマーク　33
IT　28
JANコード　28
JASマーク　32
JISマーク　32
KMチェア　50
LVL　51
MDF　51、52
MKシステム　105
MRチェア　49
NFM　168
NSマーク　187
PC　164
PCCS　148
PHランプ　84
POS　28
PSCマーク　32
PSEマーク　32
PSLPGマーク　32
PSTGマーク　32
Pトラップ　94
RALマーク　33
RMKシステム　105
RM構法　158
SRC構造　157
SVマーク　33
Sトラップ　94
Uトラップ　94
VAN　28
WPC　52、167
Yチェア　49

1～

1消点図法　180
2種（H型）　88
2消点図法　180
3種（M型）　88
3消点図法　180
24時間換気　172
25年様式　127

■著者紹介■

大廣保行（おおひろ・やすゆき）
1943年熊本県生まれ
1995年五島育英会・東横学園女子短期大学ライフデザイン学科教授、現在に至る
インテリア学会評議委員、他を務める
主な著書に、「デザイナーズ・チェア・コレクションズ」、「インテリア・デザインを知る」、「現代の家具と照明」、「続・現代の家具と照明」、「椅子のデザイン小史」（以上、鹿島出版会）、「インテリアコーディネーター用語辞典」（井上書院）、「新インテリア用語辞典」（トーソー出版）、他多数

資格試験のための
インテリアコーディネーター・ワード・ハンドブック

2007年8月22日　第1刷発行©

著　者：大廣保行
発行者：鹿島光一

発行所：鹿島出版会
〒100-6006
東京都千代田区霞が関3丁目2番5号霞が関ビル6階
電話03-5510-5400　振替00160-2-180883

装丁・レイアウト：ポスト・デザイン・ワークス
印刷・製本：壮光舎印刷

ISBN978-4-306-04486-9　C3052
Printed in Japan

本書の内容に関するご意見・ご感想は下記までお寄せください。
URL:http://www.kajima-publishing.co.jp
E-mail:info@kajima-publishing.co.jp